Hinweise zum Umgang mit diesem Heft
Inhaltsverzeichnis

KONSTRUIERTE GESCHICHTE? – DAS ANTIKE GRIECHENLAND UND DIE PERSERKRIEGE 4

	Autonomie und Despotie?	4
1.	Das Weltreich Persien – Das Reich der Achaimeniden	10
1.1	Die Vorgeschichte bis Dareios	10
1.2	Die Reichsverwaltung und Machtausübung des Dareios	18
2.	Griechenland um 500 v. Chr.	26
2.1	Hellenische Zivilisation	26
2.2	Die Polis Sparta	33
2.3	Athen zwischen Tyrannis und Demokratie	40
2.4	Die ionischen Poleis	45
3.	Griechen und Perser – Die kriegerischen Auseinandersetzungen	52
3.1	Rache für die Unterstützung der ionischen Städte …	52
3.2	Xerxes und Themistokles – Vorbereitung des nächsten Feldzuges	57
3.3	Ausblick	65
4.	Die Verarbeitung der Perserkriege durch die Nachwelt	66
4.1	Herodot – »Vater der Geschichtsschreibung«	66
4.2	Der Sieg über Xerxes – ein Sieg der Freiheit?	71
4.3	Der Sieg über die Perser – Sieg der Hellenen über die Barbaren?	79
4.4	Historische Wiederbelebungen	87
5.	Die Erfindung des »klassischen« Griechenlands	90
5.1	Die »klassischen« Griechen – aus deutscher Sicht	90
	Methodentraining: Umgang mit Bauwerken	95

Literatur zur Vertiefung	100
Personenregister	101
Sachregister	102
Bildquellenverzeichnis	103

KONSTRUIERTE GESCHICHTE? – DAS ANTIKE GRIECHENLAND UND DIE PERSERKRIEGE

1 »Die Seeschlacht bei Salamis 480 v. Chr.« Ölgemälde (ca. 5 x 9 m) von Wilhelm von Kaulbach, 1862/1864. Die der Schilderung der Seeschlacht bei Herodot (»Historien« VIII, 40–97) nachempfundene Szenerie zeigt links oben den herrisch Befehle erteilenden Xerxes, in der linken Bildmitte die für ihn mit dem Bogen kämpfende Artemisia, rechts in der Bildmitte den stoisch mit verschränkten Armen dastehenden Themistokles und ganz rechts den athenischen Feldherrn Aristides, den der Neffe des Großkönigs um Gnade anfleht.

AUTONOMIE UND DESPOTIE?

September 480 v. Chr. Die Meerenge zwischen Athen und der vorgelagerten Insel Salamis wird zum Schauplatz einer Schlacht in einem welthistorischen Konflikt: Verbündete Griechenstädte schlagen – offiziell unter dem Oberbefehl Spartas, faktisch aber entscheidend getragen von der neuen Flotte Athens – die übermächtig erscheinenden Perser in einer großen Seeschlacht. Nachdem einige Monate später auch das Landheer der Perser bei Plataiai besiegt wird, ist die persische Invasion gescheitert. Das kleine Hellas, dessen separate Stadtstaaten ihre Eigeninteressen in der gemeinsamen Abwehr gegen die Bedrohung aus dem Osten zurückstellen, hat sich erfolgreich gegen das imperiale persische Königreich zur Wehr gesetzt und damit das Ausgreifen der orientalischen Weltmacht in den europäischen Raum beendet.

Ein »welthistorischer« Konflikt?

Die kriegerischen Auseinandersetzungen zwischen Griechen und Persern in den Jahren von 500 bis 479 v. Chr. sind schon von den griechischen Zeitgenossen – vor allem von den Athenern – als universaler Kampf zwischen Okzident und Orient begriffen worden. Dabei stilisierten die Griechen sich selbst zu Vertretern und Verteidigern einer freiheitlichen, von rationalem Handeln und ausgleichendem Gemeinsinn bestimmten westlichen Hemisphäre. Umgekehrt wurden die Perser als Aggressor überzeichnet, der die Verhältnisse seiner als dekadent und despotisch-barbarisch eingestuften östlichen Hemisphäre nun auch auf Europa übertragen wollte. Daneben lösten die Perserkriege bei den griechischen Zeitgenossen das Gefühl eines tiefen zeitlichen Einschnitts aus, das Empfinden, einen Wendepunkt der eigenen Geschichte zu erleben. In der Tat wirkten die Perserkriege als Katalysator: nach ihrer Beendigung auf griechischem Boden veränderte sich die Welt der Griechen in innen- wie außenpolitischer, in militär- und

HINWEISE ZUM UMGANG MIT DIESEM HEFT

Die Themenhefte der Reihe »Geschichte und Geschehen exempla« umfassen jeweils ein Kursthema. Neben einer übersichtlichen inhaltlichen Gliederung erleichtern Ihnen folgende Symbole die Orientierung:

Zeitleiste – Da die Kapitelthemen nicht die Chronologie der historischen Ereignisse in den Vordergrund stellen, zeigt eine an den Anfang gestellte Zeitleiste die Rahmendaten jedes Kapitels im Überblick.

1850 Deutschland
1900 Universitäten

Zwischenüberschriften – Einzelnen Abschnitten der Verfassertexte sind jeweils in der Randleiste fett gedruckte Zwischenüberschriften zugeordnet. Als Schlagworte vermitteln sie eine Übersicht über die Inhalte der Textabschnitte.

Der Adel

Grundbegriffe – Wichtige Begriffe sind in Form kurzer Lexikonartikel erläutert.

Autokratie *(griech.*

Quellenmaterialien – Zu jedem Kapitel gibt es Materialien wie Text- und Bildquellen, Schaubilder und Karten. Sie sind innerhalb eines Themenheftes fortlaufend durchnummeriert. Bild- oder Kartenlegenden sowie bibliografische Hinweise zu den Zitaten finden Sie in der Randleiste bei den betreffenden Materialien.

1 »Zeit der Technik«

Textquellen – Dieses Symbol setzt den Textquellenteil eines Kapitels deutlich von den Verfassertexten ab.

Aufgaben – Der Stift kennzeichnet Arbeitsaufträge zu den einzelnen Materialien. Aufgabenstellungen, die sich auf Bildmaterialien beziehen, finden Sie darüber hinaus direkt unter den Abbildungen in der Marginalie.

Übergreifende Aufgaben – Das gekonterte Aufgabenzeichen weist auf solche Aufgabenstellungen hin, die sich nicht auf einzelne Materialien beziehen, sondern zur Reflexion übergreifender Fragestellungen der Unterkapitel anregen wollen.

Methodentraining – Im Rahmen jedes Themenheftes wird Ihnen eine grundlegende Methode historischen Arbeitens vorgestellt. Sie ist jeweils als allgemeine Einführung zu verstehen und thematisch nicht gebunden.

M

Referatvorschlag – An geeigneter Stelle geben wir Ihnen Anregungen für Referatsthemen zu vertiefenden Fragestellungen oder historischen Hintergründen.

Informationen aus dem Internet – Von der Homepage des Verlages aus können Sie sich zu einzelnen Kursthemen im Internet informieren (www.klett.de). Das Symbol gibt Hinweise auf Themen, zu denen Sie hier Links finden.

Anhang – Ein Schlagwortregister liefert Ihnen die zentralen Begriffe und Themenstichworte des Heftes mit den zugehörigen Seitenangaben. Zudem haben wir Ihnen ausgewählte weiterführende Literatur zu den Schwerpunktthemen der Kapitel zusammengestellt.

REGISTER

GESCHICHTE GESCHEHEN **I exempla**

Themenheft für die Sekundarstufe II

Verfasser:	Jörg Hartmann	(Kapitel 1–5)
	Silke Ruhl	(Kapitel 1–5)

Kartenbearbeitung: Justus Perthes Verlag Gotha GmbH, Redaktion: Willi Stegner (S. 8; S. 27; S. 28, S. 60)
Kartografisches Büro Borleis & Weis, Leipzig (S. 33; S. 41)

Grafiken: Erhard Müller, Leipzig (Signets)
Sandy Schygulla, Leipzig (S. 20; S. 35; S. 40)

Layoutentwurf: Sabine Golle, Leipzig

1. Auflage A 1 5 4 3 2 1 | 2009 2008 2007 2006 2005

Alle Drucke dieser Auflage sind unverändert und können im Unterricht nebeneinander verwendet werden. Die letzten Zahlen bezeichnen jeweils die Auflage und das Jahr des Druckes.

Internetadresse: http://www.klett.de

ISBN 3-12-415128-3

Redaktion: Jens Sieberns

Umschlaggestaltung: Sandra Schneider
Reproduktionen: Meyle & Müller GmbH + Co., Pforzheim
Druck: W. Wirtz, Speyer

9 783124 151285

ISBN 3-12-415128-3

machtpolitischer sowie in wirtschaftlicher und kultureller Hinsicht tief greifend. Von moderner geschichtswissenschaftlicher Warte aus markiert die Zeit der Perserkriege in der griechischen Geschichte den Übergang von der archaischen zur klassischen Epoche. In den fünf Jahrzehnten zwischen dem Ende der Perserkriege und dem Ausbruch des Peloponnesischen Krieges (431 v. Chr.) begannen die Griechen auf den Gebieten von Kunst und Architektur, der Geschichtsschreibung und des Dramas sowie nicht zuletzt der politischen Partizipation die »Marken« zu setzen, die sie später im Selbstverständnis der abendländischen Kultur zu den »klassischen« Stiftern des europäischen Geistes werden ließen.
Ihre Hochkonjunktur erlebte die Beschwörung eines »griechischen Ideals in Gesellschaft und Kultur« (Christoph Höcker) im 18. und 19. Jahrhundert. (Die Rückbesinnung auf die Antike während der Renaissance hatte vornehmlich die römische Antike im Blick.)
Mittlerweile hat die Altertumswissenschaft die Idealvorstellungen vom antiken Griechenland freilich nach und nach entzaubert. Bewegung in die Geschichte ist dabei auch hinsichtlich der Einschätzung der griechisch-persischen Auseinandersetzungen gekommen. Die Einseitigkeiten früherer Darstellungen waren bestimmt durch den Umstand, dass die schriftlichen Zeugnisse sowohl über die Beschaffenheit des Persischen Reiches wie auch über die Perserkriege nahezu alle aus griechischer Feder stammen, während auf persischer Seite nur wenige Quellen und Überreste erhalten geblieben sind. Dagegen wird heute die quellenkritische Frage gestellt, inwieweit die griechische Darstellung des persischen Gegners der Ausformung von negativen Stereotypen oder der bewussten Konstruierung eines Feindbildes unterlag und damit der Idealisierung und Verklärung des Griechentums Vorschub leistete.
Doch wie kam es überhaupt zu den Perserkriegen und welche unterschiedlichen Kulturen und Machtsysteme gerieten hier aneinander? Wie ist es um das Bild von den freiheitsliebenden, hochkulturellen Griechen bestellt, das im Nachhinein anhand der Perserkriege verdichtet wurde? Was ist von dem im gleichen Zusam-

- Notieren Sie die Eindrücke, die von den beiden Historiengemälden jeweils bei Ihnen hervorgerufen werden.
- Untersuchen Sie nach Durchnahme des Kursthemas die beiden Gemälde.
- Vergleichen Sie Ihre Analyseergebnisse mit Ihren anfangs notierten subjektiven Eindrücken.

2 »Xerxes am Hellespont« Ölgemälde (106 x 146 cm) von Adrien Guignet (1816–1854).

menhang erstellten Gegenbild von den despotischen, barbarischen Persern zu halten? Und wie verhält es sich mit den »klassischen« Normen, die von den Griechen unmittelbar im Konflikt mit den Persern und dessen anschließender »Verarbeitung« entwickelt wurden und in deren Tradition sich Europa bis heute sieht?

3 Verzerrte Perspektiven?

Der österreichische Historiker Robert Rollinger über das durch griechische Quellen vermittelte Geschichtsbild des alten Persiens, 2001:

Sicher: Der Feldzug, den der König [Xerxes] nach Griechenland unternommen hat, und die Niederlagen, welche die großkönigliche Armee bei Salamis (480 v. Chr.) und Plataiai (479 v. Chr.) erlitten haben, sind gesicherte historische Ereignisse und stellen wohl einen der Misserfolge des Großkönigs dar. Die Ereignisse sind uns ausschließlich aus griechischen Quellen bezeugt, in erster Linie durch das imposante Geschichtswerk Herodots (wohl um 420 v. Chr. verfasst). Dieses Werk hat der westlichen Welt seinen Stempel aufgedrückt und die Sicht der Ereignisse nachhaltig geprägt. In diesem Zusammenhang wird allzu oft vergessen, dass es sich dabei um einen Blickwinkel handelt, der von den Gegnern des Persischen Reiches nachhaltig geprägt wurde. Aus der Sicht des Großkönigs handelte es sich jedoch um Ereignisse, die sich an den äußersten Rändern seines Imperiums abspielten. So stellt sich die Frage nach der tendenziösen Färbung dieses Blickwinkels und danach, inwieweit er einer adäquaten Beschreibung des altpersischen Reiches überhaupt gerecht werden kann.

Die Färbung beginnt bereits mit den uns erhaltenen Eigennamen. Wir verwenden wie selbstverständlich die durch die griechischen Ohren verformten Wortbildungen. Chschajarscha ist ein unmittelbar nach der Thronbesteigung angenommener altpersischer Thronname, der »Herrscher über Helden« bedeutet und von den Griechen zu Xerxes verballhornt wurde. Kurusch wurde zu Kyros, Kambudschija zu Kambyses und Hachamanisch zu Achaimenes (davon wurde der Name des Königsgeschlechts abgeleitet: Hachamanija, Achaimenide). Darajavausch schließlich wurde zu Dareios und Parsa ist Persepolis. […]

Die Konsequenzen eines solchen [sich allein schon in den Namen zeigenden] Zerrbilds sind weitreichend und folgenschwer. Sie zeigen unverkennbare Auswirkungen, die bis in die Gegenwart hinein spürbar sind. Die griechischen Quellen haben nicht nur ein aus der Sicht des Großkönigs marginales zu einem epochalen Ereignis aufgewertet, sondern sie haben damit auch Denk- und Deutungsstrukturen entwickelt, denen mentalitätsgeschichtlich und politisch ein überwältigender Erfolg beschieden sein sollte. Diese betreffen die Person des Großkönigs selbst, der als schwächlich, weibisch, grausam und hoffärtig, als Tempelzerstörer und Frevler par excellence charakterisiert wird, eine Darstellung, die in der griechischen Tradition beinahe kanonischen Charakter gewinnt. […] Gleichzeitig wird die Auseinandersetzung mit den Persern zum Krieg zweier Welten hochstilisiert. Asien und Europa werden als unterschiedliche Räume erfasst, die durch divergierende Lebensweisen charakterisiert sind. Dort der verweichlichte, dem Luxus verfallene Orientale, der Despotie unterworfen, der König in seinem Harem gefangen, unfähig sich den realen Anforderungen eines Regenten zu stellen. Hier die hart erprobten und von einer kargen Umwelt gestählten Griechen, freisinnig und nur sich selbst gehorchend und letztlich politisch erfolgreich. Die Geburt Europas als geistige Konzeption hat in diesem historischen Milieu stattgefunden.

Robert Rollinger, Altpersische Herrscher – die Achämeniden: »König der Könige«, in: Damals, Heft 8/2001, S. 14–23, hier S. 21 ff.

1. Erläutern Sie die Aspekte, an denen Rollinger die »tendenziöse Färbung« des Geschichtsbildes fest macht.
2. Erklären Sie, welche Konsequenzen sich nach Rollinger daraus ergeben. Überlegen Sie, an welchen anderen Punkten der Gegensatz Asien – Europa aufgezeigt werden kann.

4 »Klassik«

a) Der deutsche Historiker Christoph Höcker zur Bestimmung und historischen Herleitung des Begriffs »Klassik«, 1999:

Heute verstehen Historiker und Archäologen unter Klassik, soweit sie auf das Altertum bezogen wird, eine Epoche, nämlich die Jahrzehnte des 5. Jahrhundert v. Chr. zwischen Perserkriegen und Peloponnesischem Krieg (479–431 v. Chr.) und in weiterem Sinne darüber hinaus die Zeit bis zur griechischen Niederlage gegen die Makedonen in der Schlacht von Chaironeia (338 v. Chr.). […]

Das Wort »Klassik« ist dem römischen Terminus *classicus* als Bezeichnung für die erste, alles überragende Bürgerklasse entlehnt. Klassik ist dabei von Beginn an mehr als eine bloße Bezeichnung für eine Epoche. Als ein abstrakter Begriff, der einen vorbildhaft empfundenen, ja zur Norm erklärten vergangenen Zustand beschreibt, findet sich die Bezeichnung nur vereinzelt in der römischen Antike. Seit etwa 1500 hält das Wort dann regulär Einzug in den europäischen Sprachgebrauch. Die Athener sahen sich im Zeitalter des Perikles […] durchaus selbstbewusst als ›Vorbild für ganz Hellas‹. Doch war ihnen gleichwohl nicht bewusst, dass spätere Generationen ihr Leben und Treiben einmal als »klassisch« bezeichnen würden.

Klassik ist mithin eine konstruierte Norm, die spätere Epochen im Rückblick auf vermeintlich Vorbildliches erzeugt haben. Dabei ist das Wort »Klassik« und seine weitgehend in der Moderne angesiedelte Geschichte zunächst nicht von Belang, obwohl das noch auf den Begriff gebrachte Phänomen bereits seit dem Hellenismus weit verbreitet war; es gibt also bereits den Sachverhalt, allerdings noch nicht dessen heute übliche Bezeichnung. […] Seit dem 3. Jahrhundert v. Chr. [geriet das Griechenland des 5. Jahrhundert v. Chr.] immer häufiger zum Muster und Anknüpfungspunkt einer neuen Selbstvergewisserung und Identitätsfindung […], die in Plastik, Architektur und Malerei wie auch in Philosophie und Literatur zunehmend als Zitat rezipiert wurde und den Stellenwert einer allgemein gültigen, zeitlos-ewigen Menschheits- und Kulturepoche bekam. Klassik dieser Art umfasst dabei auch den Anspruch elitärer Überlegenheit im Sinne einer Abgrenzung gegenüber anderen Denksystemen und Kulturvorstellungen; Klassik beanspruchte Vorbildcharakter, auf diese Weise zugleich aber auch Geltung für alle Zukunft und postulierte Verständnis und bedingslose Akzeptanz ihrer Normen aus sich selbst heraus, abgekoppelt von allen historischen Determinanten. Christoph Höcker, Griechische Antike, Köln 1999, S. 72ff.

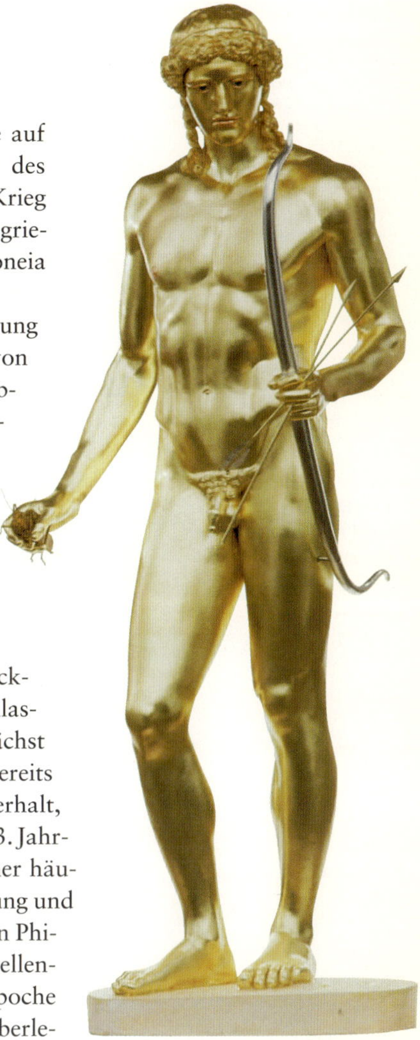

b) »Kasseler Apoll«. Moderner Rekonstruktionsversuch der griechischen Originalbronzefigur (um 450 v. Chr.) nach römischen Marmorkopien.

1. Geben Sie in eigenen Worten wieder, wie hier der Begriff »Klassik« definiert und die Entwicklung seiner Verwendung beschrieben wird. Ziehen Sie dabei zum Vergleich auch die Definition aus einem Lexikon heran.
2. Überlegen Sie, weshalb der Begriff – vor allem auch im Nachhinein – für gerade diese Epoche der griechischen Geschichte verwendet wird.

1. DAS WELTREICH PERSIEN – DAS REICH DER ACHAIMENIDEN

550/549 v. Chr.	Kyros II., der Große, unterwirft das Mederreich.
547/546 v. Chr.	Eroberung des Lyderreiches durch die Perser
539 v. Chr.	Eroberung des neubabylonischen Reiches
525 v. Chr.	Fortsetzung der persischen Expansion unter Kambyses II.: Ägypten, Libyen und die Inseln der östlichen Ägäis fallen dem Persischen Reich zu.
522 v. Chr.	Dareios I. wird König von Persien (bis 486 v. Chr.).
513/512 v. Chr.	Mit der Überquerung des Hellespont durch die Perser sehen sich Makedonien und Thrakien bedroht; sie werden bis 479 v. Chr. unterworfen.
500–494 v. Chr.	Der Ionische Aufstand der griechischen Poleis in Kleinasien wird unter Dareios niedergeschlagen.

Diese Jahreszahlen sind »In-etwa«-Zahlen: Die Antikenforschung muss sich zwar weiterhin auf vergleichsweise wenige Anhaltspunkte stützen, dennoch lassen sich durch neue Methoden, etwa der computergestützten Archäologie, neue Erkenntnisse gewinnen, nach denen ältere zeitliche Einschätzungen – mal mehr, mal weniger überzeugend begründet – korrigiert werden konnten.

1.1 Die Vorgeschichte bis Dareios

Die Anfänge der persischen Geschichte liegen bis auf wenige Anhaltspunkte im Dunkel. Es gilt als sicher, dass die Perser zu Beginn des ersten Jahrtausends v. Chr. im Gebiet des heutigen nordwestlichen Irans – in der »Persis« oder auch »Fars«, wie es in den Quellen heißt – siedelten und im 7. und 6. vorchristlichen Jahrhundert unter der Oberhoheit der Meder standen. Der aus der Dynastie der

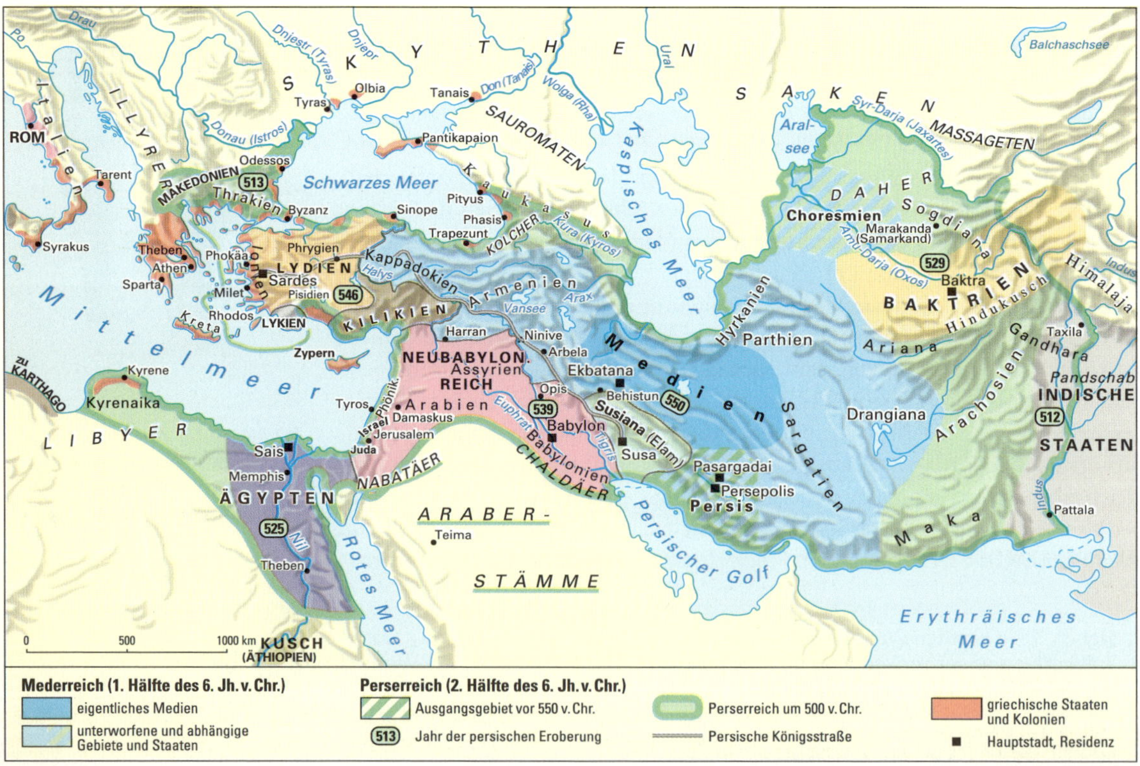

5 Die Entstehung und Ausbreitung des Perserreiches unter Kyros II., Kambyses und Dareios.

Achaimeniden stammende Kyros II. erhob sich etwa um 550 v. Chr. gegen die Meder und hatte Erfolg: Nachdem er Ekbatana – die Hauptstadt der Meder, das heutige Hamadan – hatte besetzen lassen und möglicherweise die medischen Truppen zu ihm übergelaufen waren, konnte er Meder und Perser in einem Reich vereinen und die eigene Machtposition ausbauen und festigen. Damit war der Startschuss für die Ausweitung des persischen Machtbereiches in großem Stil gefallen: In den folgenden Jahrzehnten entstand ein Weltreich von bis dahin ungekannten Ausmaßen. Im Zuge ihrer westlichen Expansion drangen die Perser unter Kyros II. 547 v. Chr. bis ins Innere Kleinasiens vor, besiegten ein Jahr später am Halys den Lyderkönig Kroisos und unterwarfen anschließend auch die griechischen Städte Westkleinasiens und machten sie zu Tributpflichtigen. Mit dem persischen Vorstoß in den griechischen Siedlungsbereich in Ionien und den kontinuierlich zunehmenden Reibereien zwischen den ionischen Poleis und der persischen Provinzverwaltung bahnte sich der historische Konflikt an, der ein halbes Jahrhundert später in den Perserkriegen eskalierte.

6 Grabmal Kyros' II. nahe seiner Residenz Pasagardai. Das Grabmal hat die Form eines rechteckigen Giebelhauses und steht auf einem sechsstufigen Steinsockel.

Nach dem Bericht Herodots, der mit seinen »Historien« nicht nur zum Chronisten der Perserkriege aus griechischer Sicht, sondern auch der Verhältnisse im Persischen Reich wurde, ist Kyros auf einem seiner östlichen Feldzüge im Kampf gegen die Massageten gefallen. Sein Sohn und Thronfolger (529 v. Chr.) Kambyses setzte die begonnene expansionistische Politik des Vaters fort. Er eroberte Ägypten, das damals »reichste Land der Welt«, sowie Libyen und Nubien und weitete den persischen Einfluss auch im Osten noch weiter aus. Bevor Kambyses zur Expansion nach Ägypten aufbrach, hatte er – wie Herodot anklagend berichtet – seinen jüngeren Bruder Bardija (griech. Smerdis) ermorden lassen – wohl aus Angst, dieser könne ihm während seiner Abwesenheit den Thron streitig machen. Kambyses galt in Ägypten als Pharao und beließ es bei den ägyptischen Rechts- und Verwaltungsformen – eine Art der Besatzungspolitik, die so oder ähnlich kennzeichnend war für das Perserreich. Dennoch scheint es – glaubt man auch hier den griechischen Quellen – unter dem in Ägypten nicht sonderlich angesehenen, ja gar als wahnsinnig geltenden Perserkönig zu Unruhen gekommen zu sein, möglicherweise im Zusammenhang mit der Kontrolle über die Einnahmen aus den Tempelgütern, die ebenfalls Kambyses oblag.

Dareios – Usurpation und Konsolidierung des Weltreichs

Während der Abwesenheit des Kambyses in Ägypten kam es auch im innerpersischen Machtbereich zu Unruhen. Unter dem Anspruch, der nur vermeintlich getötete Bardija zu sein, besetzte der zur Priesterkaste der Magier gehörende Gaumata den Thron. Mit der von ihm veranlassten zeitweiligen Abgabenbefreiung und der Freistellung vom Heeresdienst machte er sich zwar bei vielen Untertanen beliebt, brachte aber zugleich die alte persische Adelsschicht gegen sich auf, die um ihre Privilegien fürchtete. Doch nicht Kambyses, der auf seinem Rückweg nach Persien in Syrien starb, sondern der sich an die Spitze einer kleinen aristokratischen Verschwörergruppe stellende Dareios entledigte sich im Jahre 522 v. Chr. des Usurpators und ergriff selbst die Macht. Dareios stammte aus einer Nebenlinie der Achaimeniden und konnte seinen Thronanspruch und seine Throngewalt nur durch Begünstigung seiner adeligen »Mitputschisten« und erst nach der Niederschlagung zahlreicher Aufstände gegen sein offenbar als unrechtmäßig angesehenes Regiment durchsetzen. Seine Heirat mit zwei Töchtern des Kyros sollte letzte Zweifel an der Legitimation seiner Macht beseitigen. Darüber hinaus ließ Dareios bei Behistun an einer weithin sichtbaren Stelle, die entlang der alten, noch immer viel benutzten und von Medien nach Babylon führenden Heerstraße lag, ein großes Relief in die Felswand meißeln, das seinen Triumph über Gaumata und die adeligen Widersacher darstellt sowie seinen verwandtschaftlich begründeten Herrschaftsanspruch bekundet.

Dareios gebührt der Ruhm, aus dem geografisch riesigen Machtbereich der Perser nun auch strukturell ein Weltreich gemacht zu haben. Unter seiner Führung wurden die Grenzen des Weltreiches abermals ausgeweitet: Abgesehen von Eroberungen im Osten und am Roten Meer standen 513/512 v. Chr. nach der erfolgreichen Überquerung des Hellespont mittels einer Schiffsbrücke persische Truppen erstmals auf europäischem Boden. Makedonien wurde tributpflichtig und weitere griechische Städte und Inseln gerieten in den Machtbereich des Persischen Reiches, das unter Dareios seine größte Ausdehnung erlebte. Mit der – von Athen und Eretria unterstützten – Revolte ionischer Poleis gegen die persischen Tributherren, die 499 v. Chr. ausbrach und im Verlaufe von etwa sechs Jahren von Dareios und seinen Truppen niedergeschlagen wurde, begann die direkte kriegerische Konfrontation mit Griechenland.

7 Das Dareios-Relief (3 x 5,5 m) am Felsen von Behistun mit den mehrmals erweiterten Felsinschriften (s. a. unten 10a und 10c sowie 16a). Das Relief präsentiert als größte Figur auf der linken Seite Dareios mit seinen königlichen Waffenträgern dahinter. Dareios hat seinen linken Fuß auf den am Boden liegenden, die Arme flehentlich erhobenen Gaumata gesetzt und hält in der linken Hand einen Bogen. Die Hände auf dem Rücken gefesselt und durch einen Strick um den Hals aneinander gereiht, stehen vor ihm die so genannten »Lügenkönige« – die Adeligen, die gegen Dareios' Machtergreifung rebelliert hatten. Bei der neunten gefesselten Figur handelt es sich um eine spätere »Zugabe«, den an seiner spitzen Mütze zu erkennenden Skythenkönig Skuncha, der ebenfalls gegen Dareios aufbegehrt hatte und 519 v. Chr. besiegt worden war. Über der Szene schwebt symbolisch der Gott Ahuramazda, der Dareios den Ring der Herrschaft darbietet und zu dem Dareios betend die rechte Hand erhebt.

8 Religion und Herrschaftsausübung

a) Tatenbericht des Kyros über seine Eroberung Babylons (539 v. Chr.), Tonzylinderinschrift des Kyros in babylonischer Sprache:

Ein Minderwertiger [Nabonid] wurde eingesetzt zur Beherrschung seines [Marduk] Landes. [...] Für Uruk und die übrigen Städte [gab Nabonid] ein Gebot, das sich für sie nicht ziemte, {Frevel} plante er täglich und ließ feindseligerweise das regelmäßige Opfer aufhören, [...] die Verehrung Marduks, des Königs der Götter. [...] Böses für seine Stadt tat er [Nabonid] täglich. [...] Alle {Leute} richtete er durch ein Joch ohne Erleichterung zugrunde. Ob ihrer Wehklage ergrimmte der Herr der Götter gewaltig und {verließ} ihr Gebiet. Die Götter, die in ihnen wohnten, ließen ihre Wohnungen im Stich aus Zorn wegen der Hineinführung nach Babylon. Marduk [wandte sich] der Gesamtheit der Wohnstätten, deren Gemächer zerstört waren, und den Leuten von Sumer und Akkad, die Leichen glichen, [...] zu, [...] fasste Erbarmen. Die Gesamtheit aller Länder musterte er, hielt [...] Ausschau, ja, er suchte einen gerechten Fürsten. [...] Kyros, König von Anschan [Stadt u. Land östlich von Babylonien], dessen Namen sprach er aus, berief ihn zur Herrschaft über das All. [...] Die schwarzhauptigen Menschen, die er seine Hände gewinnen ließ, in Recht und Gerechtigkeit nahm er sich ihrer an. Marduk, der große Herr, der Schützer seiner Menschen, blickte freudig auf seine [Kyros] frommen Taten und sein gerechtes Herz; nach seiner Stadt Babylon zu ziehen, befahl er ihm, ließ ihn einschlagen die Straße nach Babylon, indem er wie ein Freund und Genosse ihm zur Seite ging. Seine weit ausgebreiteten Truppen, deren Zahl gleich den Wassern des Stromes nicht bekannt ist, zogen waffengerüstet ihm zur Seite. Ohne Kampf und Schlacht ließ er ihn einziehen in Babylon, seiner Stadt. Babylon bewahrte er vor Drangsal. Nabonid, den König, der ihn [Marduk] nicht verehrte, lieferte er [Marduk] ihm in seine [Kyros] Hände. Die Leute von Babylon allzumal, ganz Sumer und Akkad, die Großen und Statthalter, beugten sich unter ihn, küssten seine Füße, freuten sich seiner Herrschaft, es leuchtete ihr Antlitz. Den Herrn, der durch seine Macht Tote zum Leben gebracht, [...] segneten sie freudig, bewahrten seinen Namen. Ich [bin] Kyros, der König des Alls, der große König, der mächtige König, König von Babylon, König von Sumer und Akkad, König der vier Weltgegenden, Sohn des Kambyses, des großen Königs, Königs der Stadt Anschan, [...] der ewige Spross des Königtums, dessen Dynastie Bel [= »Herr«; Beiname des Marduk] und Nabu [= Nebo, Gott der Weisheit und Schreibkunst, Sohn des Marduk] lieben, dessen Königtum sie zur Erfreuung ihrer Herzen wünschten.

Als ich friedlich in Babylon eingezogen war, unter Jubel und Freude im Palaste der Fürsten den Wohnsitz der Herrschaft aufschlug, machte mir Marduk, der große Herr, das weite Herz der Babylonier {geneigt}, während ich täglich auf seine Verehrung bedacht war. Meine weit ausgebreiteten Truppen zogen friedlich innerhalb Babylons umher, [in] ganz Sumer und Akkad ließ ich keinen Feind aufkommen. Des Inneren Babylons und aller seiner [Kult-]Stätten nahm ich mich gern an. Die Einwohner Babylons [...] {befreite ich von} dem Joche, das ihnen nicht ziemte. Ihrer Wohnungen Verfall besserte ich aus, ließ aufgraben ihren Einsturz. Über [meine] frommen Taten freute sich

Wie es durchaus üblicher Herrschaftspraxis entsprach, ersetzte Nabonid, der König des neubabylonischen Reiches in den Jahren 555–539 v. Chr., bei seinem Regierungsantritt den Kult des babylonischen Stadtgottes Marduk durch den seines »Hausgottes«, des aramäischen Mondgottes Sin. Zudem versuchte er auch in den umliegenden Städten die Verehrung der jeweiligen Stadtgötter zu unterbinden, indem er die diesen gewidmeten Kultgegenstände nach Babylon bringen ließ.

b) Kyros-Zylinder aus Babylon, nach 539 v. Chr.

Marduk, der große Herr und mir, dem Kyros, dem König, der ihn verehrt, dem Kambyses, meinem leiblichen Sohne, [und] allen meinen Truppen erwies er sich huldvoll in Gnaden, und wir prie{sen} gern [und] freudig vor ihm [seine] erhabene {Gottheit}.

Die Gesamtheit der in Throngemächern wohnenden Könige aller Weltgegenden, vom Oberen Meere bis zum Unteren Meere, [...] sie alle brachten ihren schweren Tribut [und] küssten in Babylon meine Füße. Von [...] bis nach der Stadt Assur und Susa – die Götter, die in ihnen wohnten, brachte ich an ihren Ort zurück und ließ [sie] eine ewige Wohnung beziehen. Die Gesamtheit ihrer Leute vereinigte ich und stellte ihre Wohnstätten wieder her. Und die Götter von Sumer und Akkad, die Nabonid zum Zorn des Herrn der Götter nach Babylon hineingebracht hatte, ließ ich auf Befehl Marduks, des großen Herren, unbehelligt in ihren Heiligtümern eine Wohnung der Erfreuung des Herzens beziehen. Die Götter allesamt, die ich in ihre Städte gebracht habe, mögen täglich vor Bel und Nabu die Länge meiner Tage aussprechen, ein gnädiges Wort für mich einlegen.

{...} = aus dem Kontext erschlossene Textpassage

F. H. Weißbach, Die Keilinschriften der Achämeniden. Vorderasiatische Bibliothek, Bd. 3, Leipzig 1911, S. 2 ff., zit. nach: Geschichte in Quellen, Bd. 1, Altertum, hrsg. v. Wolfgang Lautemann/Manfred Schlenke, München 1965, S. 104 f.

c) Edikt des Kyros über den Wiederaufbau des Tempels von Jerusalem, 538 v. Chr.: [Die Juden von Jerusalem hatten eine Eingabe gemacht und sich dabei auf einen Befehl des Königs Kyros zum Wiederaufbau des Tempels berufen.]

Da gab der König Dareios die Anordnung, man solle in den Schatzhäusern, wo man die Urkunden aufzuheben pflegt, in Babylon nachforschen. Da fand sich in der Burg der Provinz Medien, in Ekbatana, eine Schriftrolle; in dieser stand also geschrieben:

Protokoll: Im Jahr I des Königs Kyros hat König Kyros folgenden Erlass gegeben: In Sachen des Gotteshauses in Jerusalem. Das Haus soll dort gebaut werden, wo man die Schlachtopfer schlachtet. Und seine Bauanweisung soll man mitnehmen; seine Höhe 30, seine Länge 60, seine Breite 20 Ellen; Schichten von Quadersteinen drei und eine Schicht Holz; die Kosten sollen durch den königlichen Fiskus bestritten werden. Außerdem: Man soll die goldenen und silbernen Geräte des Gotteshauses, die Nebukadnezar aus dem Tempel von Jerusalem geraubt und nach Babel gebracht hat, zurückgeben; und [zwar] möge kommen in den Tempel von Jerusalem an seinen Ort, [was früher dort war,] oder man soll es niederlegen im Gotteshause.

Esrah 6, 1 ff., zit. nach: Geschichte in Quellen, Bd. 1, Altertum, hrsg. v. Wolfgang Lautemann/Manfred Schlenke, München 1965, S. 105.

d) Der griechische Geschichtsschreiber Herodot (ca. 485–424 v. Chr.) über die Glaubensvorstellungen und Sitten der Perser:

Es ist nicht Sitte bei ihnen, Götterbilder, Tempel und Altäre zu errichten. Wer das tue, sei töricht, sagen sie. Offenbar stellen sie sich die Götter nicht wie die Hellenen als menschenähnliche Wesen vor. Dem Zeus pflegen sie oben auf den Gipfeln der Berge zu opfern, und zwar bezeichnen sie mit dem Namen Zeus das ganze Himmelsgewölbe. Sie opfern auch der Sonne, dem Monde, der Erde, dem Feuer, dem Wasser und den Winden. [...]

Bei den Persern genießen die nächsten Nachbarn die höchste Achtung nach ihnen selber, dann kommen die entfernteren, und so geht es schrittweise abwärts. Am wenigsten gelten ihnen die Völker, die ihnen am fernsten wohnen. Sich selber halten sie nämlich für die allervorzüglichsten Menschen auf Erden, die Tüchtigkeit der Umwohnenden richtet sich, meinen sie, nach der Entfernung von ihnen, und die Fernsten sind die Allergeringsten. [...]

Kein Volk ist fremden Sitten so zugänglich wie das persische. Sie finden die medische Kleidung schöner als die ihrige und tragen sie infolgedessen. Ebenso tragen sie im Kriege den ägyptischen Brustpanzer. Alle Genüsse und Vergnügungen, die sie kennen lernen, führen sie bei sich ein. [...]

Die Haupttugend ist Tapferkeit. Ferner gilt es als Verdienst viele Söhne zu zeugen. Wer die meisten Söhne hat, erhält vom König ein jährliches Geschenk. Auf die Zahl legen sie das Hauptgewicht. Sie unterweisen die Knaben vom fünften bis zum zwanzigsten Jahre; aber nur drei Dinge lernen sie: Reiten, Bogen schießen und die Wahrheit sagen. [...]

Diese Sitte lobe ich, ebenso die andere, dass nicht einmal der König wegen eines bestimmten Vergehens einen Menschen erschlagen darf, überhaupt kein Perser an seinem Knecht aus einem bestimmten Anlass eine tödliche Strafe vollziehen darf. Nur wenn er nach sorgfältiger Abwägung findet, dass der Knecht ihm mehr Ärger verursacht als Dienste geleistet hat, darf er seinem Zorn so weit nachgeben. [...]

Was ihnen zu tun verboten ist, dürfen sie auch nicht aussprechen. Das Entehrendste ist bei ihnen das Lügen. An zweiter Stelle steht das Schuldenmachen, dies aus vielen Gründen, namentlich aber, weil ihrer Meinung nach ein Schuldner notwendig in die Lage kommt zu lügen.

Herodot, Historien I. 131–138, übersetzt von A. Horneffer, Stuttgart 1971, S. 62 ff.

e) Der Historiker Hermann Bengtson »Über den Glauben der Perser«, 1965:

Von dem Glauben der alten Perser zu sprechen, ist sehr schwierig. Wir wissen von ihrer Religion zu wenig, dass jede Aussage mehr oder weniger fragwürdig bleiben muss. Über der Religion der Perser leuchtet der große Name des Religionsstifters Zarathustra; welcher Zeit aber sein Leben angehört, ist immer noch umstritten. Lebte er um die Wende vom 7. zum 6. Jahrhundert oder gehört sein Wirken in eine viel frühere Zeit? Waren die Achaimeniden überhaupt Zarathustrier? Die so genannte daiva-Inschrift des Xerxes, eine Fundamentinschrift aus Persepolis, scheint dafür zu sprechen. [...] Wie dem nun auch sein mag – das persische Volk verehrte bildlose Gottheiten unter freiem Himmel, von denen in der Zeit des Herodot zwei, Mithras und Anahita, zu festen Gestalten geworden sind. Eine für uns kaum zu durchschauende Rolle spielen schließlich die Magier, mit deren Religion der Feuerkult verbunden ist. Die Magier haben auch im politischen Leben eine wichtige Stellung eingenommen.

Griechen und Perser. Die Mittelmeerwelt im Altertum I, hrsg. von Hermann Bengtson, Frankfurt/M. 1965, S. 27.

f) Symbolische Darstellung des Gottes Ahuramazda. Offensichtlich handelt es sich um eine typische Verbildlichung des in der Zeit der Achaimeniden wichtigsten Gottes. Sie steht als solche auch im Mittelpunkt des Felsreliefs von Behistun (vgl. 7 und 10b).

g) Der Historiker Josef Wiesehöfer über Kult und Religion, 1999:

Im Bereich von Kultus und Religion beließ man es vielfach nicht einfach bei der häufig bezeugten Tolerierung der vor Ort geübten Praxis (wenn diese sich nicht als herrschaftsgefährdend erwies); in Kenntnis der Sinn stiftenden Bedeutung religiöser Überzeugungen, aber ebenso auch in Anerkennung der politisch-weltanschaulichen sowie wirtschaftlichen »Macht« von Priesterschaften und Heiligtümern, erwiesen sich persische Autoritäten darüber hinaus als Stifter und Förderer einheimischer Kulte und Kultstätten, allerdings mit drei Einschränkungen: Zum Ersten wurden die Kultstätten und ihre Territorien fiskalisch erfasst, wobei allerdings Abgabenprivilegien nicht unüblich waren; zum Zweiten waren religiös-kultische Konflikte unter allen Umständen zu vermeiden (aus ordnungspolitischen Gründen); zum Dritten schließlich mussten jene Kultstätten mit Repressalien rechnen, die als Zentren untertäniger Illoyalität gedient hatten. Nicht anders sind etwa die Zerstörungen auf der Athener Akropolis zu verstehen, und nicht umsonst berichtet Herodot davon, dass schon am Tage danach den athenischen Göttern auf Geheiß von Xerxes wieder geopfert worden sei, allerdings von den exilierten Athenern in seinem Gefolge.

Immer wieder haben sich Gelehrte die Frage gestellt, welcher Glaubensrichtung sich denn nun die Achaimeniden selbst verbunden gefühlt hätten. Der Umstand, dass sowohl der iranische »Prophet« Zarathustra als auch Dareios und seine Nachfolger das Wirken Ahuramazdas betonen, hat die meisten dazu verleitet, die Könige als Zoroastrier zu kennzeichnen. Nun besteht allerdings weder über die Datierung Zarathustras (Ende 2./Anfang 1. Jt. oder 7./6. Jh.) noch über seine Heimat (in Ostiran), ja nicht einmal über den Charakter und Sinn der Hymnen Zarathustras Einigkeit. [...] Vielleicht ist deutlich geworden, auf welch schwierigem Gelände man sich bewegt, wenn man die Frage nach dem religiösen Bekenntnis der Achaimenidenkönige stellt. Festhalten darf man doch auf jeden Fall, dass Dareios mit seiner Bevorzugung Ahuramazdas einerseits an Bekanntes anknüpfen konnte, sich andererseits von seinem Bekenntnis zu diesem Gott eine bedeutsame Unterstützung (und Rechtfertigung) seines Machtanspruches versprach. Ob er diesem Gott [...] »nur« aus politisch-opportunistischen Erwägungen verbunden war oder sich ihm auch innerlich nahe fühlte, ist eine Frage, die kaum zu beantworten ist.

Josef Wiesehöfer, Das frühe Persien. Geschichte eines antiken Weltreiches, München 1999, S. 67 ff.

1. Geben Sie die Quelle 8a in eigenen Worten wieder und beschreiben Sie Ausdrucksweise und Stil, in der sie verfasst ist.
2. Erläutern Sie, wie Kyros in 8a dargestellt wird und welche Wirkung auf diese Weise beim Leser erzielt werden soll. Wie soll »Herrschaft« legitimiert werden?
3. Nennen Sie die Punkte, die von Kyros per Erlass verfügt werden (8c), und charakterisieren Sie diesen Aspekt seiner Herrschaftsausübung in neu eroberten oder abhängig gemachten Ländern. Ziehen Sie die Herodot-Quelle (8d) hinzu und erläutern Sie seine Auffassung der religiösen Überzeugungen und der Sitten der Perser – besonders auch im Hinblick auf ihre Herrschaft in den neu eroberten Gebieten.
4. Nehmen Sie nun die Quellen der Historiker (8e und f) dazu und stellen Sie einerseits die wichtigen Punkte der eigenen Religionsausübung der Perser bzw. der Achaimenidenkönige zusammen und erläutern Sie andererseits vor dem Hintergrund von Quelle 8c den Stellenwert von Religion im Rahmen der Herrschaftspraxis des persischen Weltreiches.
5. Diskutieren Sie aus Sicht von Herrschaftsausübenden: religiöse Toleranz oder »Staatsreligion«? Ziehen Sie Beispiele aus Ihrem geschichtlichen Vorwissen hinzu.

9 Zum Kyros-Bild in der Forschung

a) Der Historiker Eduard Meyer über Kyros, 1896:

Obwohl wir auch jetzt noch über die Taten des Kyros nur sehr wenige authentische Nachrichten besitzen, ist seine Persönlichkeit zu allen Zeiten gleichmäßig aufgefasst worden, und das Urteil wird auch durch weitere Funde nicht geändert werden. Der Adel seines Wesens leuchtet uns in gleicher Weise entgegen aus den Berichten der Perser, die er zur Weltherrschaft führte, der Juden, die er befreite, und der Hellenen, die er unterwarf. Er hat ähnlich wie Cäsar den geheimnisvollen Zauber besessen, dem sich alles fügen muss. In dem Edelmut, mit dem er seine Gegner behandelte und der im schärfsten Gegensatz steht zu dem Verfahren der Semiten und der Römer, tritt auch uns noch der Adel seines Charakters entgegen. Den ebenbürtigen Gegner, wenn er besiegt war, zu achten und zu schonen, ist allen seinen Nachfolgern Grundsatz geblieben – etwas ganz anderes ist natürlich Dareios' Verfahren gegen Ursupatoren, die sich eine Stellung anmaßten, die ihnen nicht zukam. Vor allem aber ist Kyros klar und zielbewusst in allem seinem Tun als Feldherr und Staatsmann. In wenig Jahren, mit raschen entscheidenden Schlägen hat er drei gewaltige Reiche für immer vernichtet. Seinen Persern gegenüber war und blieb er der Volkskönig, der in Übereinstimmung mit den Edlen des Landes nach gemeinsamer Beratung handelt, und wie 'Omar die Araber, so hat er die Perser in kaum mehr als einem Jahrzehnt aus einem wenig zivilisierten Kriegervolk zu Herrschern der Welt gemacht. Es ist zweifellos, dass dabei auch die religiöse Idee belebend und begeisternd mitgewirkt hat. Aber dadurch unterscheiden sich die alten Perser von den Semiten wie von den späteren Parsen, dass sie keine religiösen Fanatiker waren. Die Kriege, durch welche das Reich der Iranier begründet wurde, waren nicht zugleich Religionskriege wie die der Araber und der Sassaniden. Wenn Kyros zweifellos wie Dareios ein frommer Mazdajasnier war, so schonte er doch durchweg die religiösen Gefühle seiner Untertanen. In Babel trat er offiziell als Verehrer des Marduk und des Nebo auf, die Juden konnten ihn als Diener Jahwes betrachten. Überhaupt achtete er überall die einheimischen Institutionen; für die Babylonier war er durchaus der Nachfolger ihrer alten Könige; wie früher Sargon rechnete er seine Jahre hier erst von der Übernahme der babylonischen Königskrone. Dass die Meder als die nächsten Stammverwandten der Perser sich besonderer Begünstigung zu erfreuen hatten und neben den Persern den Kern der Truppe bildeten, lehren die Inschriften des Dareios, der daher durchweg von »Persien, Medien und den übrigen Provinzen« redet. Auch hat schon Kyros die Meder Mazares und Harpagos an die Spitze eines Heeres gestellt. Die Organisation, die er seinem Reich gegeben hat, im Einzelnen zu verfolgen, ist uns leider versagt. Das wenige, was sich darüber ermitteln lässt, muss daher der Darstellung der von Dareios durchgeführten Reichsordnung vorbehalten bleiben; nur dass alle Untertanen zur Heeresfolge verpflichtet waren, ist schon hier zu erwähnen.

b) Die Leibwache des Dareios auf den emaillierten Ziegelreliefs von seinem Palast in Susa.

c) Der Historiker Josef Wiesehöfer über Kyros, 1999:

Für wie wichtig Kyros die politisch-administrative Einbindung des neubabylonischen Reiches mit seinem riesigen Territorium und Bevölkerungszahlen, die ihresgleichen suchten, in das neue Imperium ansah, davon künden nicht nur die [...] ideologischen Bemühungen des Perserkönigs, sondern auch seine konkreten Maßnahmen: die Bestätigung hoher Funktionäre Nabonids in ihren Ämtern etwa oder die Einrichtung des Vizekönigtums des Kronprinzen Kambyses (538/7), der als »König von Babylon« allerdings bereits nach einem Jahr, aus uns unbekannten Gründen, ausschied und Platz

a) Eduard Meyer, Geschichte des Altertums, Bd. 4: Der Ausgang der altorientalischen Geschichte – Der Aufstieg des Abendlandes bis zu den Perserkriegen, unveränderter Nachdruck der zuletzt 1952–1958 bei der J. G. Cotta'schen Buchhandlung Nachf. erschienenen Neuausgabe, o. O. 2000, S. 126 f.

machte für den Provinzgouverneur Gobryas. Der Umstand, dass unsere Zeugnisse, anders als für Lydien, nichts von Rebellionen in Babylonien wissen, spricht für den Erfolg der frühen persischen Politik in diesem Raum. […]

Auch wenn das traditionelle Kyrosbild, nicht zuletzt dank der Bemühungen des Königs selbst, bis heute positiv ausfällt und die dunklen Seiten seiner Person und Politik in den Hintergrund treten lässt, so besteht doch kein Zweifel, dass wir in Kyros eine Persönlichkeit mit außergewöhnlichen Fähigkeiten fassen können: In weniger als 30 Jahren schufen seine militärisch-strategischen Geniestreiche und seine Politik von Zuckerbrot und Peitsche ein Weltreich, das an Umfang und historischer Bedeutung seinesgleichen suchte. Es verwundert nicht, dass in Iran, aber nicht nur dort, schon bald unzählige Geschichten in Umlauf kamen, in denen z. T. nach bekannten Mustern und Vorbildern gestaltet, das Lob dieses ungewöhnlichen Herrschers gesungen wurde.

Josef Wiesehöfer, Das frühe Persien. Geschichte eines antiken Weltreiches, München 1999, S. 27.

1. Analysieren Sie in Kleingruppen arbeitsteilig jeweils einen der Darstellungstexte (9a und c): Welche Schwerpunkte der Betrachtung werden gesetzt? Was erfahren Sie über die Herrschaftsausübung des Kyros? Worauf gründet der Autor seine Urteile und wie formuliert er diese? Vergleichen Sie anhand Ihrer Arbeitsergebnisse die beiden Urteile über Kyros.
2. Erläutern Sie unter Bezug auf den Verfassertext und die Primärquellen J. Wiesehöfers Formulierung »… nicht zuletzt dank der Bemühungen des Königs selbst …« (Zeile 11 f.).

10 Dareios' Triumph über den Magier Gaumata

a) Aus der Felsinschrift von Behistun des Dareios I., einem Tatenbericht des Königs, den er mehrmals erweitert in drei Sprachen – Altpersisch[1], Elamisch, Altbabylonisch – abfassen ließ und in Kopien überall im Reich verbreitete:

Einer, namens Kambyses, des Kyros Sohn, aus unserem Geschlechte, der war hier König. Jener Kambyses hatte einen Bruder namens Smerdis [= Bardija], von derselben Mutter und demselben Vater wie Kambyses. Da tötete Kambyses jenen Smerdis. Als Kambyses den Smerdis getötet hatte, war es dem Volk nicht bekannt, dass Smerdis getötet worden war. Darauf zog Kambyses nach Ägypten. Als Kambyses nach Ägypten gezogen war, da wurde das Volk feindlich, und die Lüge wurde groß im Land, sowohl in Persien als auch in Medien und den übrigen Ländern.

Es spricht der König Dareios: Da war ein Mann, ein Magier [Name eines Stammes, dann Bezeichnung einer Priesterkaste], namens Gaumata, der empörte sich von einem Berge, namens Arakadrisch, aus. […] Das Volk log er also an: »Ich bin Smerdis, des Kyros Sohn, des Kambyses Bruder.« Darauf wurde das ganze Volk abtrünnig von Kambyses und ging zu jenem über, sowohl Persien als auch Medien und die übrigen Länder. Die Herrschaft ergriff er. […] Darauf starb Kambyses durch eigene Hand. Es spricht der König Dareios: Diese Herrschaft, die Gaumata, der Magier dem Kambyses entrissen hatte, diese Herrschaft hatte von alters her unserem Geschlechte gehört. Dann entriss Gaumata, der Magier, dem Kambyses sowohl Persien als auch Medien und die übrigen Länder, brach-

b) Goldplättchen mit eingeritzter Beterfigur, vermutlich eines »Magiers«.

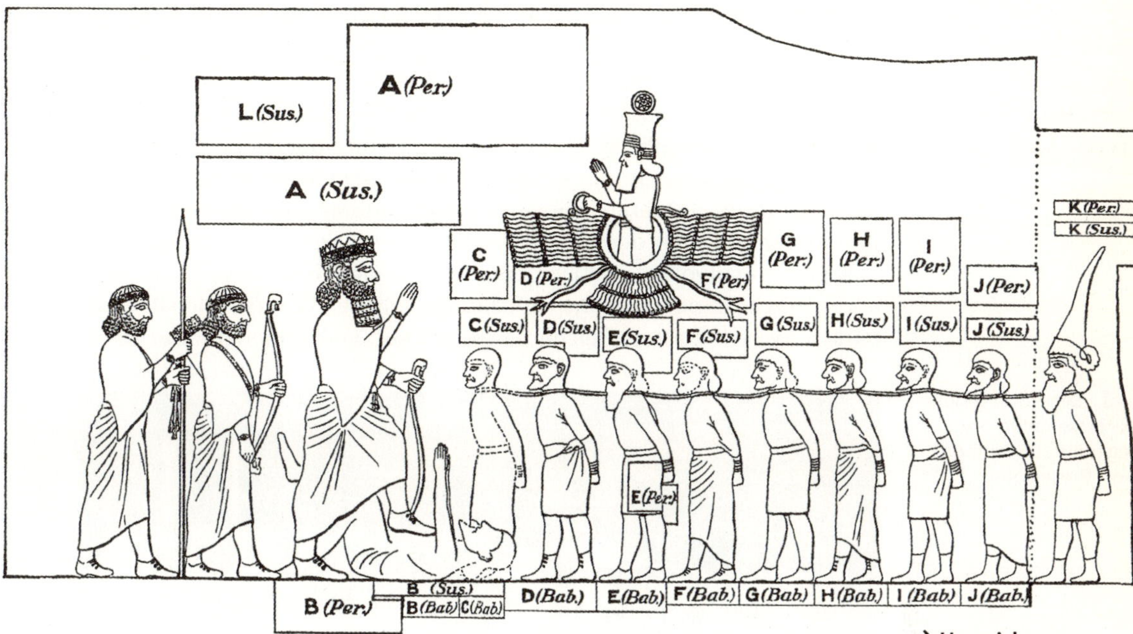

c) Umzeichnung des Reliefs und der Inschrift Dareios' I. in Behistun (nach L. W. King/R. C. Thompson, The Sculptures and Inscription of Darius the Great on the Rock of Behistun in Persia, London 1907)

te [sie] an sich, machte [sie] zu seinem Eigentum; er ward König. Es spricht der König Dareios: Es war niemand, weder ein Perser noch ein Meder noch irgendeiner unseres Geschlechtes, der jenem Gaumata, dem Magier, die Herrschaft entrissen hätte. Das Volk fürchtete ihn sehr, er möchte viele Leute töten, die vormals Smerdis gekannt hatten; deswegen möchte er die Leute töten: »damit man mich nicht erkenne, dass ich nicht Smerdis bin, des Kyros Sohn«. Niemand wagte etwas zu sagen in Betreff Gaumatas, des Magiers, bis ich kam. Da flehte ich zu Ahuramazda; Ahuramazda brachte mir Hilfe. [...] Ich tötete mit wenigen Männern jenen Gaumata, den Magier, und die Männer, die seine vornehmsten Anhänger gewesen waren. [Es gibt] ein Schloss namens Sikajawatisch [in] einer Gegend namens Nisaja in Medien, dort tötete ich ihn, entriss ihm die Herrschaft. Nach dem Willen Ahuramazdas ward ich König. Ahuramazda übertrug mir die Herrschaft. Es spricht der König Dareios: Die Herrschaft, die von unserem Geschlechte genommen war, brachte ich zurück, stellte es [das Geschlecht] an seinen Platz so wie vordem. Ich baute die Tempel auf, die Gaumata, der Magier, zerstört hatte. [...] Ich stellte das Volk an seinen Platz so wie vordem, Persien, Medien und die übrigen Länder; ich brachte wieder, was weggeschafft worden war. Nach dem Willen Ahuramazdas tat ich dies. [...] [Es folgt ein langer Bericht über die Niederschlagung der anderen Rebellen.]

F. H. Weißbach, Die Keilinschriften der Achämeniden. Vorderasiatische Bibliothek, Bd. 3, Leipzig 1911, S. 9 ff. zit. nach: Geschichte in Quellen, Bd. 1, Altertum, hrsg. von Wolfgang Lautemann/Manfred Schlenke, München 1965, S. 105 ff.

[1] Das Altpersische ist eine erst auf Veranlassung von Dareios durch seine Sekretäre entwickelte Kunstschrift. Ihre 37 Keilzeichen sind einfach eine Kombination von Zeichen aus bereits vorhandenen Schriften. Außer auf offiziellen Monumenten wie dem Relief von Behistun, auf erhalten gebliebenen kostbaren Gefäßen der königlichen Schatzkammer sowie auf königlichen Siegeln finden sich allerdings keine Spuren des Altpersischen. Man kann schließen, dass die sprachliche Kreation des Dareios – wohl entgegen seiner Absicht – außer im unmittelbaren Verwendungszusammenhang des königlichen Hofes keine Verbreitung im Persischen Reich fand. Reichssprache wurde im Laufe der Zeit vielmehr das Aramäische.

1. Beschreiben Sie Art und Weise, in der die Behistun-Inschrift verfasst ist. Welches Bild lässt Dareios hier von sich zeichnen?
2. Erklären Sie die beabsichtigte Wirkung des Textes, wenn man ihn als Propagandaschrift versteht.

1.2 Die Reichsverwaltung und Machtausübung des Dareios

Absolute Königsherrschaft ...

Zwar schuf Dareios aus dem persischen »Vielvölkerstaat«, wie wir ihn bezeichnen würden, kein einheitliches Reich, aber er gab ihm doch eine straffe, in gewisser Weise zentralistische Struktur. Alle Macht war auf die achaimenidische Dynastie zugeschnitten, an deren Spitze als unumstrittener, mit allen Vollmachten ausgestatteter Monarch der »König der Könige« regierte. Ein strenges Hofzeremoniell und prachtvolle Palastanlagen in verschiedenen Provinzen, ausgestattet mit allem, was auf eine gewaltige Hofhaltung schließen lässt (so auch Reit- und Jagdparks), waren äußere Zeichen des absolut verstandenen Machtanspruchs.

11 Die Ruinen der terrassenartig angelegten Palastanlage von Persepolis.

... und Herrschaftsbeteiligung des Adels

Medischer und persischer Adel wurden in dieses Machtgefüge einbezogen; ihnen waren, neben den Mitgliedern der königlichen Familie, die höchsten Hofämter und Reichsstellen vorbehalten. Da auf diese Weise die Interessen und Machtansprüche des Adels ebenfalls Berücksichtigung fanden, konnte sich der König ihrer Loyalität vergleichsweise sicher sein, was bei der Größe des Reiches eine unbedingte Notwendigkeit zur Herrschaftssicherung darstellte. Über die wichtigsten Funktionen am Hof lässt sich nicht vollends Gesichertes sagen, da der größte Teil unseres Wissens darüber auf griechischen Quellen basiert und sich die unterschiedlichen Amtsbezeichnungen wahrscheinlich nicht eins zu eins übertragen lassen.

Möglicherweise hatten die königlichen Wagenlenker, Waffen-, Bogen- und Speerträger – die auch auf dem Felsrelief von Behistun und dem Kalksteinrelief im Herrscherpalast von Persepolis zu erkennen sind – bedeutende Positionen inne. Der wichtigste Beamte des Großreiches dürfte der Chiliarch gewesen sein. Wie diese griechische Bezeichnung besagt (»Oberster der Tausend«), handelte es sich bei ihm vormals wohl um den Kommandanten der wahrscheinlich aus 1000 Männern bestehenden Leibwache des Königs. Seine ursprünglich rein militärische Funktion wurde später zu der einer Art obersten Reichsverwalters ausgeweitet. Mit Sicherheit kam dem Verantwortlichen für die zahllosen Informanten und Spitzel, die die griechischen Quellen als »Augen und Ohren des Königs« bezeichnen, ebenfalls eine herausragende Stellung zu.

12 Audienzszene Dareios I. Kalksteinrelief (Länge 6,22 m) aus dem Herrscherpalast in Persepolis (Parsa). Das Relief zeigt König Dareios mit seinem Sohn Xerxes, den königlichen Lanzen- und Waffenträgern sowie einem Schreiber und dem Obersten der Leibgarde. Vor den König ist in geneigter Haltung der Hofmarschall, vermutlich Farnaka, [nach anderer Interpretation ein »Gast«] getreten und bedeckt seinen Mund mit der Hand, um den König nicht mit seinem Atem zu »beleidigen«. Zwei Räuchergefäße sorgen zusätzlich für angenehme Gerüche.

Dank der 1933/34 bei Ausgrabungen gefundenen Tausenden von Tontafeln in elamischer Sprache aus dem Schatzhaus von Persepolis kann man sich ein Bild von den internen Finanzpraktiken innerhalb der dareischen Königsherrschaft machen: Zu allen Palästen im Reichsgebiet gehörten Schatzhäuser, in denen nicht nur die Tribute, Geschenke und sonstigen Abgaben gelagert wurden, sondern in denen auch die Abrechnungen für Reisespesen von Verwaltungsbeamten oder Hofangehörigen getätigt wurden. Auch die Verteilung und Abgabe von Tieren, Getreide oder Wein sind genau vermerkt. Eine der wichtigen Reformen des Dareios bestand darin, eine einheitliche Reichswährung einzuführen, die Dareike. Die einzelnen Reichsteile waren sehr unterschiedlich entwickelt, neben Geldverkehr in verschiedenen Währungen gab es Gebiete, in denen noch reine Tausch- und Naturalwirtschaft herrschten. Die Dareike kam vor allem in den westlichen Provinzen des Reiches in Umlauf, sodass sie auch den Griechen, die in nicht geringer Zahl im persischen Heer als Söldner dienten, bekannt war.

Dareios strukturierte das Großreich neu und teilte es in 20 Provinzen ein, die so genannten Satrapien. Die Satrapien hatten den Charakter von Verwaltungsbezirken, denen ein vom König ernannter, jederzeit abrufbarer und zur Heeresfolge verpflichteter Statthalter, der Satrap, vorstand. Eine Ausnahme bildete das Kernland des Großreichs, die Persis. Sie unterstand der unmittelbaren königlichen Verwaltung durch den Hofmarschall. Die einzelnen Satrapen residierten in Palästen, die auch als Ausbildungszentrum für die dort ansässigen Adelssöhne genutzt wurden. Der Satrap hatte neben der Verwaltungshoheit auch die oberste Rechtsprechung seines Bezirkes inne. Wie die Satrapien im Einzelnen organisiert und verwaltet wurden, bleibt unklar. Gewissheit besteht allerdings darüber, dass sie jeweils einen bestimmten Jahrestribut an den König zu entrichten hatten. Als Dareios die Dareike als flächendeckendes Zahlungsmittel einführte, verband er diese Währungsreform mit einer Art Steuerreform. Nach einer umfassenden Vermessung und Erhebung der einzelnen Provinzen wurde für jede ein bestimmter Steuersatz in Form von Silber oder von landesspezifischen Produkten festgelegt. Diese Steuersätze waren bis zum Ende des Perserreiches gültig. Zu den vereinheitlichenden Reformen, die helfen sollten, die Verwaltung des Großreiches überhaupt erst möglich und im Sinne des absoluten Herrschers prak-

13 Die von Dareios I. als Reichswährung eingeführte Goldmünze (Dareike) zeigt den König als Bogenschützen.

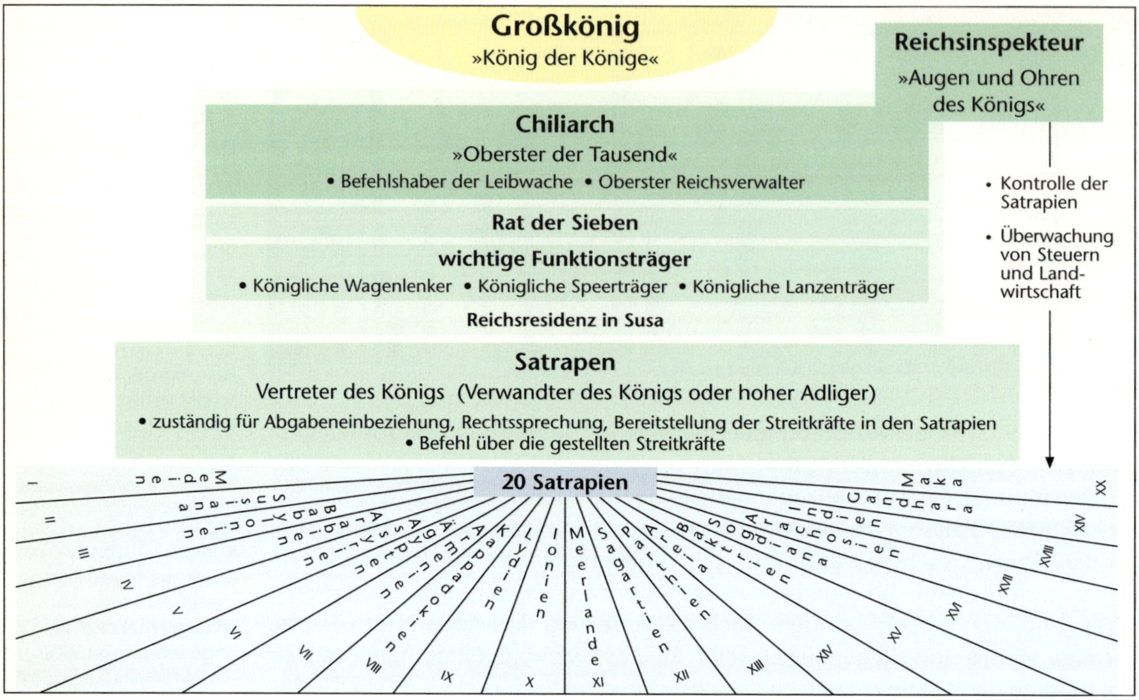

14 **Der von Dareios eingerichtete Verwaltungsaufbau des Persischen Reiches.**

tikabel zu gestalten, gehörte auch der Bau von Königsstraßen. Allerdings ist uns durch Herodot nur die von Susa nach Sardes bekannt. Herodot berichtet zudem von einem ausgeklügelten Postsystem zu Pferde. Wie erfolgreich es tatsächlich funktionierte, lässt sich nicht mit Sicherheit ausmachen. Angeblich konnten Informationen in einer Woche 2100 km weit transportiert werden. Bei allen weiteren, dem Auf- und Ausbau der königlichen Zentralgewalt dienenden Innovationen gehörte es zum taktischen Kalkül der Reichs- und Machtpolitik des Dareios, nicht zu sehr in die regionalen Strukturen der einzelnen Völker einzugreifen. So tolerierte der »König der Könige« nicht nur die jeweiligen Religionen der verschiedenen Volksgemeinschaften seines Weltreichs, sondern machte sich auch die tradierten Verwaltungsstrukturen für die eigenen Zwecke zunutze. Daneben profitierten die Perser ganz praktisch auch vom Wissen der »ausländischen« Spezialisten – etwa vom Wissen der phönizischen Seeleute – und zahlreiche nichtpersische »Fachleute« – darunter auch viele Griechen – wurden in die Herrschafts- und Verwaltungspraxis des persischen Hofes einbezogen.

15 Herrschaft einer »Krämerseele«?

Herodot über Einteilung und Verwaltung des Persischen Reiches:

Weiter teilte er [Dareios] das Persische Reich in 20 Provinzen, die bei den Persern Satrapien heißen. Jede Satrapie erhielt einen Statthalter und musste Steuern an ihn entrichten. [...] Während Kyros' und Kambyses' Regierungszeit waren noch keine bestimmten Steuern festgesetzt. Die Völker gaben Geschenke. Wegen [der von ihm veranlassten] Schätzung und einiger anderer Einrichtungen sagt man in Persien, Dareios sei ein Krämer gewesen, Kambyses ein Herr, Kyros ein Vater. [...] Von den Ioniern, den asiatischen Magnetern, den Äolen, Karern, Lykiern, Milyern, Pamphylern, die gemeinsam eine Steuersumme aufzubringen hatten, gingen zusammen 400 Talente Silber ein. [...] Zusammen wurden also an Dareios an jährlichen Steuern gezahlt: 14560 euböische Talente [1 Talent = etwa 26 kg]. [...] Die Aufbewahrung dieser Schätze erfolgt in einer Weise, dass der König das Metall einschmelzen und in Tongefäße gießen lässt. Ist ein Gefäß voll, so wird der Ton ringsum entfernt und man schneidet, sooft man Geld braucht, ein entsprechend großes Stück von der Metallmasse ab. [...] Persien selbst habe ich deshalb nicht unter den zinspflichtigen Völkern aufgeführt, weil das persische Land abgabenfrei ist. Dagegen kommen noch die Völker dazu, die zwar keine Steuern entrichten, aber Geschenke geben. [...]

Mit dieser Straße nach Susa verhält es sich folgendermaßen: Auf der ganzen Strecke befinden sich königliche Raststätten und vortreffliche Herbergen, und die Straße führt durchweg durch bewohntes, sicheres Land. [...] Die ganze Straße von Sardes bis nach Susa ist also 111 Tagesmärsche lang, ebenso viele Raststätten und Herbergen findet man. [Die Königskuriere benötigten angeblich nur sieben Tage.]

Herodot, Historien III. 89–90, 95–97, V. 52, übersetzt von A. Horneffer, Stuttgart 1971, S. 222 ff. u. 348 f.

Erläutern Sie, was mit der von Herodot kolportierten Einschätzung, »Dareios sei ein Krämer gewesen«, gemeint ist, und reflektieren Sie, welches Herrschaftsverständnis sich in dieser Einschätzung bekundet.

16 Dareios' Herrschaftslegitimation und -praxis

a) Aus Dareios' Felsinschrift von Behistun:

Ich [bin] Dareios, der große König, König der Könige, König in Persien, König der Länder, des Hystaspes Sohn, des Arsames Enkel, der Achaimenide. Es spricht der König Dareios: Mein Vater [ist] Hystaspes, des Hystaspes Vater [war] Arsames, des Arsames Vater Ariaramnes, des Ariaramnes Vater Teispes, des Teispes Vater Achaimenes. Es spricht der König Dareios: Deswegen werden wir Achaimeniden genannt. Von alters her sind wir adlig, von alters her war unser Geschlecht königlich. [...] Es spricht der König Dareios: Nach dem Willen Ahuramazdas bin ich König; Ahuramazda übertrug mir die Herrschaft. Es spricht der König Dareios: Diese [sind] die Länder, die mir zuteil wurden; nach dem Willen Ahuramazdas war ich ihr König: Persien, Elam, Babylon, Assyrien, Arabien, Ägypten, die des Meeres [= Phönizien u. Palästina], Sardes, Ionien, Medien, Armenien, Kappadokien, Parthien, Drangiana, Areia, Chorasmien, Baktrien, Sogdiana, Gandara, Saka, Sattagydien, Arachosien, Make: im ganzen 23 Länder. Es spricht der König Dareios: Diese Länder, die mir zufielen, nach dem Willen Ahuramazdas wurden sie mir untertänig. Sie brachten mir Tribut. Was ihnen von mir gesagt wurde – sei es bei Nacht oder bei Tage –, das taten sie. Es spricht der König Dareios: In diesen Ländern habe ich einen

b) Kappadokische (oben) und ionische (unten) Geschenkbringer. Ausschnitte aus dem Kalksteinrelief des Osteingangs des Apanada, des Audienzsaales, in Persepolis. (s. a. 36)

Mann, der umsichtig war, wohl gehalten; wer feindlich war, den habe ich streng bestraft. […] Es spricht der König Dareios: Ahuramazda hat mir diese Herrschaft verliehen, Ahuramazda brachte mir Hilfe, bis ich diese Herrschaft erlangte. Nach dem Willen Ahuramazdas besitze ich diese Herrschaft.

b) F. H. Weißbach, Die Keilinschriften der Achämeniden. Vorderasiatische Bibliothek, Bd. 3, Leipzig 1911, S. 9 ff. zit. nach: Geschichte in Quellen, Bd. 1, Altertum, hrsg. von: Wolfgang Lautemann/Manfred Schlenke, München 1965, S. 105 ff.

c) Der Historiker Hermann Bengtson über Dareios' Herrschertum, 1965:

Einer der großen Baumeister des persischen Weltreiches ist Dareios, er ist es, der dem Reich seinen eigentlichen Charakter gegeben hat. Es ist nicht zu übersehen, dass sich in die leuchtenden Farben auch dunkle Schatten eindrängen, die, je länger das Reich bestanden hat, umso düsterer geworden sind. Unzweifelhaft ist die persische Auffassung vom Herrschertum und vom Verhältnis des Großkönigs zu den Untertanen mit der abendländischen und insbesondere mit der griechischen Freiheitsidee ganz unvereinbar. Für den Großkönig sind alle Untertanen, gleichgültig, welchen Standes oder welcher Herkunft, letztlich Sklaven, und es ist sicherlich kein Zufall, wenn kein einziger Helfer des Dareios in der Überlieferung wirkliches Relief erhält. Das Leben des Großkönigs vollzieht sich zudem in bewusster Isolierung vom Volk, nur die Großen und Mächtigen dürfen ihn bei den Audienzen von Ferne erblicken. Sicher, kein Herrscher der Welt kann auf Gewalt verzichten, aber es kommt darauf an, dass diese Gewalt nicht um ihrer selbst willen, sondern zur Durchsetzung einer sittlichen Idee angewandt wird. Wir erschrecken, wenn wir hören, in wie unmenschlicher Weise Dareios die »Lügenkönige« verstümmeln ließ und wie hinterhältig er beispielsweise den Satrapen Oroites von Sardes aus dem Weg räumen ließ. Freilich betrachtet sich Dareios bei dem Tode des Kambyses als legitimer Nachfolger der Achaimeniden; ob er aber der einzige war, der dies von sich behaupten konnte, bleibt zweifelhaft. Überhaupt macht es sich Dareios in seinen Prunkinschriften doch wohl etwas zu leicht, indem er die Wahrheit und das Recht immer auf seiner Seite, die Lüge und das Unrecht immer bei seinen Gegnern findet. Zarathustra hatte aus dem Kampf der Wahrheit gegen die Lüge den unerbittlichen Kampf des Glaubens gegen seine Widersacher gemacht – eine sehr gefährliche Wendung. Dareios hat diese Entwicklung, ins Politische gewandt, weitergeführt und damit letzten Endes das Recht des Stärkeren legitimiert.

d) Die goldene Gründungsurkunde des Apanada in Persepolis.

Welche Gründe hatten die Achaimeniden, die sie zu einer für die damalige Zeit unfassbaren Toleranz gegenüber den fremden Religionen geführt haben? Wollten Kyros und Dareios die fremden Untertanen wirklich vom staatlichen Leben ablenken und ihnen den Verzicht auf die politische Macht dadurch erträglich machen, dass sie ihnen auf dem Feld der Religion alle nur erdenkliche Freiheit gewährten? War dies die Freiheit, die die Perser meinten? Wir finden hierauf keine Antwort. Den Griechen genüg-

Griechen und Perser. Die Mittelmeerwelt im Altertum I, hrsg. von Hermann Bengtson, Frankfurt/M. 1965, S. 27 f.

te diese Freiheit nicht, das zeigt der Ionische Aufstand, der das Perserreich zu einer kritischen Stunde erschütterte.

e) Brief des Dareios I. an Gadatas, den Satrapen von Ionien (Inschrift aus Magnesia am Mäander in griechischer Sprache), um 500 v. Chr:

Der König der Könige, Dareios, Sohn des Hystapes, sprich zu Gadatas, seinem Knecht, Folgendes: Ich erfahre, dass du meinen Anweisungen nicht in allen Stücken Folge leistest. Dafür zwar, dass du mein Land besorgst, indem du die jenseits des Euphrat (wachsenden) Fruchtbäume in Asiens unteren (Landes)-Teilen anpflanzen lässt, lobe ich deinen Vorsatz, und deshalb wird dir sicher sein großer Dank in des Königs Haus. Dafür jedoch, dass du meine Einstellung gegenüber den Göttern zunichte machst, werde ich dir, wenn du dich nicht änderst, eine Probe meines durch Unrecht geweckten Zornes geben. Denn von den Pflanzern, die dem Apollon geweiht sind, triebst du Abgaben ein, und Land, das ungeweiht ist, zu bestellen, machtest du (ihnen) zur Auflage in Verkennung der von meinen Vorfahren dem Gott entgegengebrachten Gesinnung, welcher den Persern verkündete die volle Wahrheit.

Kai Brodersen/Wolfgang Günther/Hatto H. Schmitt, Historische Griechische Inschriften in Übersetzung, Bd. I: Die archaische und klassische Zeit, Darmstadt 1992, S. 12f.

f) Der Historiker Alexander Demandt erklärt mithilfe der Gadatas-Inschrift wesentliche Merkmale der Organisation des persischen Großreiches, 2000:

Die Struktur des Achaimenidenreiches lässt sich aufzeigen an der berühmten Gadatas-Inschrift. Sie steht auf einem Marmorblock, der in einem türkischen Dorf des unteren Mäandertales gefunden wurde und in den Louvre kam. Der Text ist griechisch, den Buchstabenformen nach in der hohen Kaiserzeit (um 100 n. Chr.) eingemeißelt, doch geht er zurück auf ein Original aus der Achaimenidenzeit um 500 v. Chr. […] Am Anfang steht, wie bei antiken Briefen üblich, der Absender. Es ist der Großkönig Dareios, der sich als Sohn des Hystaspes und Achaimenide vorstellt. Das Perserreich war eine charismatisch legitimierte Erbmonarchie, deren Teile einerseits von Unterkönigen aus älteren ansässigen Familien regiert wurden, andererseits vom König ernannten Satrapen, d.h. Statthaltern, unterstanden. Die Satrapen übten eine Rechtsaufsicht über die autonomen griechischen Städte aus, die sich selbst verwalteten, aber Tribut zahlten und ihre Streitigkeiten nicht durch Kriege ausfechten durften, sondern durch Schiedsgerichte beilegen mussten – wir haben dafür inschriftliche Zeugnisse. Eingriffe in die inneren Verhältnisse mussten nur solche Griechenstädte befürchten, deren Loyalität unsicher war. In derartigen Fällen haben die Großkönige Stadtherren eingesetzt, d. h. Tyrannen, die indes stets selbst Griechen waren. Als diese dann gleichwohl den Ionischen Aufstand entfachten, wurden sie abgesetzt. Der Satrap Mardonios unterstellte die abtrünnigen Städte daraufhin nicht etwa direkt persischer Kontrolle, sondern richtete Demokratien ein. Offenbar konnte er überzeugt sein, dass die Mehrheit in den

g) Der Marmorblock mit der Gadatas-Inschrift.

griechischen Städten persertreu war und die Abenteuer ehrgeiziger Tyrannen nicht unterstützte. […] Zu diesen Satrapen gehörte Gadatas, ein Perser der Namensform nach, der das westliche Kleinasien regierte. Wenn die Inschrift ihn *doulos* nennt, so fassen wir hier die griechische Ansicht, dass alle Untertanen, einschließlich der höchsten Würdenträger, Sklaven des Königs seien. Das persische Wort, das hier zugrunde liegt, lautet *bandaka* und bezeichnet den Gefolgsmann. Dass hier keine Sklaverei im griechischen Sinne vorlag, ergibt sich aus drei Sachverhalten: Diese *bandaka* konnten Ehen eingehen, sogar mit Prinzessinnen aus dem Königshaus, sie trugen Waffen und durften ohne Gerichtsurteil nicht von ihrem Gefolgsherrn getötet werden. Dareios bescheinigt seinem Satrapen, dass er durch Anpflanzung von Fruchtgewächsen aus Mesopotamien in Kleinasien die Landwirtschaft gefördert habe. […] Die Sorge um die Landwirtschaft war nicht nur ein ökonomisches, sondern auch ein religiöses Gebot, wie uns die heiligen Schriften Zarathustras im Awesta verraten. Dareios tadelt Gadatas, weil dieser von Tempelbauern des Apollon Steuern erhebt und sie zu Frondiensten auf profanem Grund heranzieht. Apollon als Gott der Sonne zeigt eine gewisse Nähe zu Ahuramazda, dem Himmelsgott der Achaimeniden. Daneben war Apollon der Gott von Delphi und darum mit Weissagung verbunden. In der Nähe der Mäandermündung wurde der weissagende Apollon in Didyma und in Klaros verehrt. Die Inschrift erweckt den Eindruck, dass die Perserkönige hier einmal ein zutreffendes Orakel eingeholt haben. Das überrascht nicht. Auch die Feldherrn des Dareios haben auf dem Weg über die Ägäis nach Marathon dem Apollon in Delphi geopfert. Dies entspricht ihrer toleranten Religionspolitik, die nur dort verletzt wurde, wo Politik ins Spiel kam, wie in Hellas und Ägypten. Der bemerkenswerte Zug an der Gadatas-Inschrift aber ist der Vorgang, der ihr zugrunde liegt. Woher wusste Dareios von den Klagen der Tempelbauern über den Amtsmissbrauch des Statthalters? Zwei Lösungen sind denkbar. Entweder haben die bedrückten Bauern über die Priester eine Beschwerde nach Susa geschickt oder aber ein Inspektor des Dareios hat sich der Klage angenommen. Solche Inspektoren gab es, sie hießen »das Auge des Großkönigs«. Dass ein solcher Bericht unserer Inschrift zugrunde liegt, lässt die Nachricht über die Einführung neuer Früchte vermuten. Bemerkenswert ist, dass der Großkönig überhaupt erfuhr, was in den Provinzen geschah, und zwar nicht über seine Satrapen, die ihrerseits der Kontrolle bedurften. Die Möglichkeit eines Appells an den König gegen eine ungerechte Entscheidung ist bezeugt. […] Das Achaimenidenreich war ein Vielvölkerstaat, in dem die nichtpersischen Nationen die überwiegende Mehrheit bildeten. Der Gadatas-Brief bestätigt die vielfach bezeugte Bemühung der Perser um Frieden und Recht. Zwar gab es, anders als später in Rom, keine zentrale Gesetzgebung, aber die lokalen Rechtstraditionen wurden von den Persern geachtet und gefördert.

Alexander Demandt, Das Perserreich, in: Das Verdämmern der Macht. Vom Untergang großer Reiche, hrsg. von Richard Lorenz, Frankfurt/M. 2000, S. 10–25, hier: S. 14 ff.

1. Erläutern Sie, wie Dareios seinen Herrschaftsanspruch und seine Herrschaftsausübung als rechtmäßig begründet und legitimiert (16a).
2. Geben Sie den Ausschnitt aus der Gadatas-Inschrift (16e) in eigenen Worten wieder. Welche Punkte werden im Zusammenhang mit der Reichsverwaltung genannt?
3. Vergleichen Sie Ihre Ergebnisse mit A. Demandts Interpretation (16f): Welche Aspekte der persischen Reichsstruktur hebt er vor dem Hintergrund der Inschrift besonders hervor? Versuchen Sie zu erläutern, auf welche Weise er zu seinen Schlüssen gelangt und wie er sie begründet. Nennen Sie Unterschiede in der Vorgehensweise im Vergleich mit der Arbeit eines Historikers der Neuzeit oder der Zeitgeschichte.
4. Vergleichen Sie Bengtsons (16c) und Demandts (16f) Auffassungen zum Verhältnis König–Untertanen im persischen Großreich.

17 Das Spezifische des Perserreichs

a) Der Historiker Josef Wiesehöfer über »Zentralgewalt und Lokalautonomie – Reichsidee und lokale Traditionen im Achaimenidenreich«, 1999:

Es dürfte deutlich geworden sein, dass weder der Vergleich des Perserreichs mit einem modernen Nationalstaat noch das Bild eines nur locker verbundenen Ensembles von heterogenen Reichsteilen zutreffen. Allerdings bleibt die Frage, ob sich Lokalautonomie und königliche Kontrolle wirklich zu ergänzen und stabile Verhältnisse zu garantieren vermochten. Schaute man nur auf die Personen in den Führungspositionen des Perserreiches, dann könnte man den Eindruck gewinnen, als sei es ausschließlich von einer kleinen Herrenschicht kontrolliert worden. Gerade im Vergleich zu Rom, wo Provinziale nicht nur schon recht früh in den Senat aufrücken, sondern später sogar den Kaiserthron selbst besteigen konnten, fällt auf, wie wenige Nichtperser auf die höchste politisch-militärische Entscheidungsebene zu gelangen vermochten. Allerdings ist ein solches Bild in zweierlei Hinsicht trügerisch: Zum einen betrauten die Großkönige viele einflussreiche und vermögende Provinziale oder gar Fremde mit wichtigen Aufgaben, wenn auch nicht mit den wenigen absoluten Führungsstellen, ließen ihnen Auszeichnungen, Ehrungen und Geschenke zukommen und machten sie so zu ihren Parteigängern; der mit Haus und Hof, persischer Gemahlin und »persischen« Kindern ausgezeichnete Metiochos, der Sohn des Marathonsiegers Miltiades, der ähnlich geförderte Sieger von Salamis, Themistokles, und der ägyptische Arzt Udjahorresnet sind diesbezüglich nur drei Beispiele von vielen. Zum anderen sind für den Zusammenhalt eines Reiches die politischen und personalen Beziehungen auf regionaler und lokaler Ebene viel entscheidender als die in den höchsten Entscheidungsinstanzen. Und gerade hier, unterhalb des Satrapenniveaus, ist nun im Achaimenidenreich ein großes Maß von Eigenständigkeit, aber auch von persisch-indigener Zusammenarbeit und einheimischer Nachahmung persischer Vorbilder zu erkennen. […] Fassen wir zusammen: Ein heterogenes, aber starkes Perserreich, zusammengehalten durch ein erstaunliches Maß an lokaler Autonomie und eine starke zentrale und regionale Autorität, prägte die Geschichte Vorderasiens mehr als zwei Jahrhunderte lang. An seinem Vorbild orientierten sich […] auch seine Nachfolger.

b) Persische Adlige und Würdenträger, die Stützen des Reiches.

Josef Wiesehöfer, Das frühe Persien. Geschichte eines antiken Weltreiches, München 1999, S. 69 f. und 73.

1. Fassen Sie zusammen: Welche Schwierigkeiten ergaben sich aus der Beherrschung eines so großen Territoriums wie des Perserreiches? Erklären Sie, wie die persischen Großkönige versuchten, dem zu begegnen. Nehmen Sie Wiesehöfers Text zuhilfe.
2. Der Historiker Josef Wiesehöfer hält die Feststellung – nur wenige Nichtperser seien befugt gewesen, Entscheidungen im Staat zu treffen – für trügerisch. Mit welchen Argumenten belegt er seine These?
3. Erläutern Sie, welche Probleme sich in einem Großreich nie ganz ausschalten lassen.

2. GRIECHENLAND UM 500 v. CHR.

ab 2600 v. Chr.	Entstehung der minoischen Kultur auf Kreta
um 2000 v. Chr.	Griechische Ionier dringen im Zusammenhang mit der ersten indoeuropäischen Völkerwanderung in den ägäischen Raum ein.
um 1600 v. Chr.	Eindringen griechischer Achaier auf der Peloponnes; Entstehen und baldige Vormachtstellung der mykenischen Kultur
um 1400 v. Chr.	Mykenische Eroberung Kretas
1230 v. Chr.	Zerstörung von Troja VIIa (wahrscheinlich Homers Troja)
1100–800 v. Chr.	Dorische Eroberung von Mykene und Kreta; »Dark Ages» (»Dunkle Jahrhunderte«)
800–700 v. Chr.	Entstehung von Homers »Ilias« und »Odyssee«; erste urkundliche Erwähnung der Olympischen Spiele und des Orakels von Delphi; Entwicklung eines gemeinsamen Alphabets
750–550 v. Chr.	»Große Kolonisation« im Mittel- und Schwarzmeergebiet
ca. 740–720 v. Chr.	1. Krieg Spartas gegen Messenien
um 640 v. Chr.	2. messenischer Krieg; Erfindung der Hoplitenphalanx
594 v. Chr.	Solon reformiert Staat und Gesellschaft in Athen.
561 v. Chr.	Errichtung der Tyrannis in Athen durch Peisistratos
550 v. Chr.	Gründung des Peloponnesischen Bundes unter Vorherrschaft Spartas
546 v. Chr.	Beginn der persischen Herrschaft in Ionien
527–514 v. Chr.	Hippias und Hipparchos setzen die Tyrannis in Athen fort.
512/510 v. Chr.	Sparta unterstützt den Sturz der athenischen Tyrannis.
508 v. Chr.	Kleisthenes schafft eine neue politische Ordnung in Athen: Grundsatz der Gleichheit, stärkere Mitwirkung der Vollbürger
500–494 v. Chr.	Ionischer Aufstand

Diese Jahreszahlen sind »In-etwa«-Zahlen: Die Antikenforschung muss sich zwar weiterhin auf vergleichsweise wenige Anhaltspunkte stützen, dennoch lassen sich durch neue Methoden, etwa der computergestützten Archäologie, neue Erkenntnisse gewinnen, nach denen ältere zeitliche Einschätzungen – mal mehr, mal weniger überzeugend begründet – korrigiert werden konnten.

2.1 Hellenische Zivilisation

Die Polis als griechische Lebensform

Im Vergleich zum – bei aller ethnischen und kulturellen Vielfalt doch zentral regierten und verwalteten – persischen Großreich stellt das Griechenland der Zeit um 500 v. Chr. ein in vielerlei Hinsicht anders geartetes Gebilde dar. Politisch kann von einem einheitlichen Staat nicht die Rede sein, was seinen Ursprung vor allem in der geografisch-geologischen Beschaffenheit der griechischen Regionen hat. Abgesehen von Thrakien, Makedonien und Thessalien zeigt sich Griechenland als gebirgs- und inselreiches, zerklüftetes Gebiet. In Anpassung an diese natürlichen Gegebenheiten hatten sich im Laufe der vorangegangenen Jahrhunderte eher kleine, überschaubare und jeweils eigenständige Gemeinschaften, Poleis, herausgebildet (wobei den meisten nach heutigen Maßstäben allenfalls der Status von Dorfgemeinschaften einzuräumen wäre). Der weit überwiegende Teil der Bevölkerung lebte von der Landwirtschaft und war in ihr beschäftigt. In dreierlei Hinsicht entwickelten die agrarischen Siedlungsgemeinschaften mit der Zeit ein städtisches Gepräge:

- sozial durch die Integration nicht-agrarischer Berufsgruppen wie Handwerker und Händler (wobei vermutlich Handwerkerfamilien zum Lebensunterhalt zunächst weiterhin auch landwirtschaftlich tätig blieben)

- infrastrukturell durch die Anlage von Mauern, Abflusskanälen, Brunnen sowie eines zentralen Versammlungsplatzes (Agora), auf dem die Bürgergemeinde ihre öffentlichen Angelegenheiten regelte (Im Laufe der Zeit gruppierten sich um diesen zentralen Ort die öffentlichen Kultbauten und später wuchs ihm auch die Funktion des Marktplatzes zu.)
- politisch durch die Herausbildung von Formen geregelter Selbstverwaltung, die freilich von Polis zu Polis unterschiedliche Möglichkeiten politischer Teilhabe einräumten.

Neben der Unwegbarkeit des Landes führte das Bestreben um politische Selbstständigkeit (Autonomie) und wirtschaftliche Selbstgenügsamkeit (Autarkie) zu einem relativ isolierten Nebeneinander der griechischen Stadtstaaten. Andererseits kam es durch die Kargheit des Landes – nur ein Drittel des besiedelten griechischen Bodens ließen sich landwirtschaftlich nutzen – immer wieder zu militärischen Konflikten zwischen einzelnen Poleis. Dabei ging es um Landnahme, also um den Versuch, sich Teilen des Gebietes einer anderen Polis zu bemächtigen, um so die eigene Wirtschaftskraft zu vergrößern.

18 **Griechenland – Naturraum und Staatenbildung vom 12. bis zum 5. Jahrhundert v. Chr.**

Die Schifffahrt diente zunächst der Fischerei in der engeren Küstenregion und den Kontakten zwischen den Siedlungen auf dem Festland und den vielen Inseln sowie den griechischen Siedlungen, die seit dem Ende des 11. Jahrhunderts v. Chr. im Zuge der ionischen Wanderung an der Westküste Kleinasiens entstanden waren. Wohl schon gegen Ende der (aufgrund der spärlichen Überlieferungslage) so genannten »Dunklen Jahrhunderte« gewann sie allerdings größere Bedeutung für den Außenhandel. Die Bevölkerungszunahme im 8. Jahrhundert v. Chr., verbunden mit einer Agrarkrise, löste nicht nur die Gründung zahlreicher griechischer Pflanzstädte im Mittel- und Schwarzmeergebiet aus, sondern machte auch den Import von Getreide nötig. Im Gegenzug exportierten die Griechen vor allem Oliven (bzw. daraus diesen gewonnene Öl) und Wein. Der – eher notgeborene – intensivierte Kontakt mit anderen Völkern beschränkte sich nicht allein auf den Austausch von Waren und landwirtschaftlichen Erzeugnissen. Die maritim ausgerichteten Poleis profitierten – so später vor allem Athen – auch vom regen Wissens- und Kulturaustausch mit den andersartigen und fremden Völkern. Auch wenn das Griechenland der archaischen Zeit (ca. 800 bis 500 v. Chr.) kein einheitliches Staatsgebilde darstellte, entstand in dieser Zeit ein Bewusstsein einer

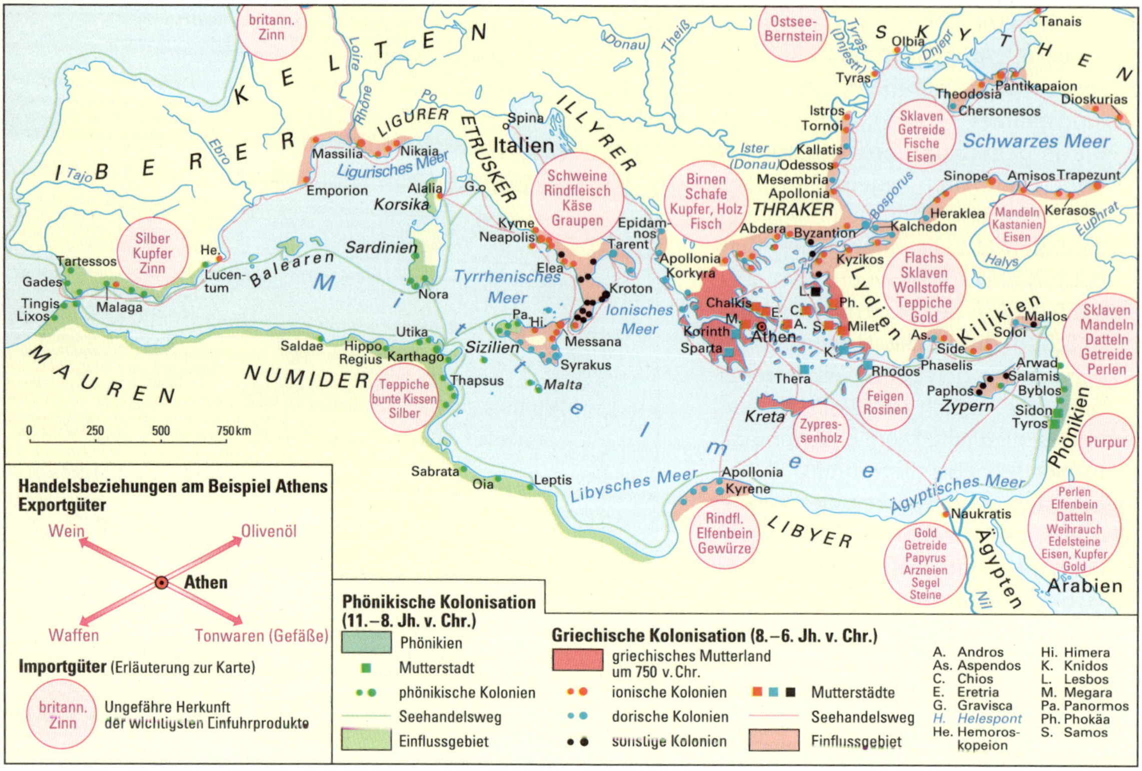

19 Die griechische Kolonisation 750–550 v. Chr.
Die Begriffe »Kolonisation« bzw. »Kolonie« stellen eine spätere Benennung des griechischen Übersiedlungsphänomens mithilfe des lateinischen Wortes »colonia« dar. Im römischen historischen Kontext stehen die Begriffe ursprünglich für die Ansiedlung eigener Bürger zumeist in einer eroberten Stadt, um so die römische Herrschaft militärisch und politisch zu festigen. Die Griechen selbst sprachen von »apoikía«, der Umsiedlung nach auswärts.

gemeinsamen hellenischen Kultur: Man empfand Sprache, religiöse Überzeugungen und Vorstellungen, Literatur, aber mehr und mehr auch gewisse politische Ordnungsprinzipien zunehmend als Gemeinschaft stiftende Elemente. Beides zusammen, das langsame Aufkommen eines gemeinsamen hellenischen Kulturbewusstseins und die zunehmenden Erfahrungen mit fremden, nicht griechisch sprechenden Völkern, führten auf griechischer Seite zu einer hellenozentrischen Sichtweise, nach der man alle Nicht-Griechen kurzerhand zu »Barbaren« erklärte.

Hatte es in der griechischen Frühzeit noch »Königreiche« gegeben, so finden sich um 500 v. Chr. auf dem Boden des heutigen Griechenland etwa 250 Stadtstaaten, die allerdings unterschiedlich regiert wurden. Grundsätzlich jedoch kann man davon ausgehen, dass überall die Adelsfamilien die beherrschende Stellung einnahmen und die »kleinen Leute« – Bauern, Handwerker, Lohnarbeiter – von ihnen abhängig waren. Durch die Rivalität der einzelnen Adelsgeschlechter um den größten Einfluss kam es zur Herausbildung verschiedener Formen politischer Herrschaft: zur *Tyrannis,* wenn sich ein Adliger mit Gewalt über die anderen Familien hinwegsetzte oder auch von ihnen – gegen die Erteilung bestimmter Ämter oder Privilegien – zum Alleinherrscher gemacht wurde, zur *Aristokratie* bzw. *Oligarchie,* also zu einer organisierten – auf Status und Reichtum basierenden – Adelsherrschaft, oder aber auch zu Ansätzen von *»Demokratie«,* wenn vor allem die sozialen Bedingungen sich so zuspitzten, dass ein Ausgleich zwischen den Gesellschaftsschichten gesucht werden musste – was im Verlaufe des 6./5. Jahrhunderts v. Chr. in vielen griechischen Poleis zur Herrschaftsbeteiligung breiterer Bürgerschichten führte.

20 »Gemeinsame Nenner« der Griechen

a) Der britische Historiker John K. Davies über panhellenische Faktoren, 1983:
Weniger einfach [als ihre geografische Eingrenzung] lässt sich feststellen, was die griechische Welt denn griechisch machte. [...]

Wir müssen deshalb feststellen, inwiefern Griechenland eine Einheit bildete und als solche empfunden wurde, obwohl eine gemeinsame Hauptstadt oder ein gemeinsames kulturelles Zentrum fehlten. [...]

Der wichtigste, der fundamentale gemeinsame Nenner aller griechischen Staaten ist natürlich die griechische Sprache – oder vielmehr sind die griechischen Sprachen, denn es scheint ebenso viele Dialekte gegeben zu haben, wie es Staaten gab. [...] Die Griechen haben anscheinend niemals Schwierigkeiten gehabt, Dokumente oder Schriften zu verstehen, die in einem anderen Dialekt verfasst waren. Diese Einheit in Sprache und Schrift ist etwas Fundamentales; sie bildet die Grundlage für die Trennung zwischen Griechen und Barbaren. Es entwickelte sich eine Gleichsetzung von »griechisch«, »Griechen« und »Kultur«. [...]

Eng verbunden mit der gemeinsamen Sprache und Kultur gab es als weiteren einigenden Faktor bestimmte Einrichtungen, die allen gemeinsam waren, vor allem solche kultischer und religiöser Art. Der Apollon, der in Delos verehrt wurde, der Apollon Pythios von Delphi und der Apollon Karneios von Sparta mögen ursprünglich verschiedene Gottheiten gewesen sein. Die an ihnen wahrnehmbaren Ähnlichkeiten hatten jedoch allmählich dazu geführt, dass sie zur Gestalt eines einzigen Gottes für ganz Griechenland zusammenflossen. Dasselbe geschah mit allen anderen höheren Gottheiten, deren Beziehungen untereinander man sich wie die einer »göttlichen Familie« dachte, schon lange bevor die Dichtung eines Homer und Hesiod dieses Thema poetisch gestaltete und es als den wichtigsten Ausgangspunkt griechischer Theologie für die Nachwelt bewahrte. Ähnlich verhielt es sich mit den Mythen über Götter und Heroen. Sie waren weit und breit bekannt durch das Epos, durch die Lyrik, durch die frühe Tragödie, durch bildliche Darstellungen an Tempeln, durch Vasenmalereien und Ähnliches, obwohl einige Mythen an bestimmte Städte oder an bestimmte Kultstätten gebunden und deshalb vor allem ein Bestandteil der lokalpatriotischen Überlieferung waren. Götterverehrung und Rituale hatten überall ähnliche Formen; das direkte Gebet zur Gottheit, Opfergaben in Form von Nahrungsmitteln, Tieren und Pflanzen, die manchmal auf dem Altar verbrannt wurden, Tänze und Gesänge und Votivgaben. Es gab heilige Bezirke, Altäre, Weihestätten und seit dem neunten Jahrhundert auch überdachte Tempel. [...] Zudem gab es, obwohl die meisten religiösen Übungen natürlich im jeweils durch lokale Überlieferungen festgelegten Rahmen eines Haushaltes, eines Dorfes oder eines Stadtstaates stattfanden, Heilig-

b) Omphalos – »der Nabel der Welt«. Marmorkopie des Steinmales, das sich im geschlossenen Innenraum des Apollon-Tempels von Delphi befand. Dieser Raum galt als »allerheiligst« und durfte nur zu bestimmten Zeiten von befugten, reinen oder eingeweihten Personen betreten werden. Nach griechischer Mythologie trafen sich an dem Steinmal die beiden Adler, die Zeus zur Festlegung des »Weltmittelpunktes« von den Polen der Welt ausgesandt hatte.

tümer, kultische Zeremonien und Feste, die in ganz Griechenland akzeptiert wurden und für ganz Griechenland von Bedeutung waren und die früher oder später von Menschen aus allen griechischen Staaten besucht wurden. […]

Ein drittes verbindendes Element […] ist die Tatsache, dass große und kleine Staatsverbände ähnlich organisiert waren und ein ähnliches Gemeinschaftsgefühl besaßen. […] Autoritäre Staatsformen ohne irgendeine Rechenschaftspflicht waren inzwischen generell den auf einer Verfassung begründeten Staatsformen gewichen, die freilich oft noch am Anfang ihrer Entwicklung standen […]; es gab feste, wenn auch häufig noch ungeschriebene Gesetze; es gab eine souveräne politische Einheit, den »Stadtstaat«, der sich wie folgt definieren lässt: Nicht regionale Grenzen oder eine Gruppe von Leuten, die einfach dadurch verbunden sind, dass sie von einem König beherrscht werden, der seine Herrschaft aus einem dynastischen Erbe oder aus militärischer Macht ableitet, machen den Stadtstaat aus, er beruht vielmehr auf der geografischen Einheit und darauf, dass alle Bürger einer Gruppe angehören, die durch reale oder fiktive Blutsverwandtschaft und durch gemeinsame Abstammung verbunden ist.

John K. Davies, Das klassische Griechenland und die Demokratie, München 1983, S. 23, 25f., 27, 28.

1. Führen Sie die Punkte auf, die Davies als Einheit stiftend ansieht, und erläutern Sie diese.
2. Erklären Sie, inwiefern sich die Aspekte von modernen Vorstellungen der Begriffe »Nation«, »Staat« und »Nationalstaat« unterscheiden bzw. welche Parallelen es gibt.

21 Herrschaft der »Besten« – beste Herrschaft?

a) Der griechische Philosoph Aristoteles (384–322 v. Chr.) über »richtige« und »verfehlte« Staatsformen:

Soweit […] die Verfassungen das Gemeinwohl berücksichtigen, sind sie im Hinblick auf das schlechthin Gerechte richtig; diejenigen aber, die nur das Wohl der Regierenden im Auge haben, sind allesamt verfehlt und weichen von den richtigen Verfassungen ab. Denn dann sind sie despotisch; der Staat ist aber eine Gemeinschaft von Freien.

Nach dieser Feststellung haben wir zu untersuchen, wie viele Staatsformen es gibt und welche sie sind, und vor allem, welche die richtigen sind. Denn kennt man diese, werden auch die verfehlten sichtbar werden. Da nun die Staatsverfassung und die Staatsregierung dasselbe meinen und die Staatsregierung das ist, was den Staat beherrscht, so wird dieses Beherrschende eines oder einige oder die Mehrheit sein müssen. Wenn nun der eine oder die einigen oder die vielen im Hinblick auf das Gemeinwohl regieren, dann sind dies notwendigerweise richtige Staatsformen, verfehlte aber jene, wo nur der eigene Nutzen des einen, der einigen oder der vielen bezweckt wird. Denn entweder dürfen diejenigen, die nicht am Nutzen teilhaben, nicht Bürger genannt werden oder sie müssen als Bürger am Nutzen teilhaben.

Wir nennen nun von den Monarchien jene, die auf das Gemeinwohl schaut, das Königtum, von den Regierungen einiger, also mehrerer als eines, die entsprechende die Aristokratie (entweder weil die Besten regieren, oder weil sie zum Besten des Staates und der Gemeinschaft regieren). Wenn aber die Menge zum allgemeinen Nutzen regiert, so wird dies mit dem gemeinsamen Namen aller Verfassungen, nämlich Politie[1] benannt. Dies mit Recht: Denn dass sich einer oder einige an Tugend auszeichnen, ist wohl möglich, dass dagegen viele in jeder Tugend hervorragen, schwierig; am ehesten noch in der kriegerischen, denn diese besitzt die Masse, und darum ist auch in einer solchen Verfassung das kriegerische Element das maßgebende, und es haben diejenigen an ihr teil, die Waffen tragen.

Verfehlte Formen im genannten Sinne sind für das Königtum die Tyrannen, für die Aristokratie die Oligarchie und für die Politie die Demokratie[1]. Denn die Tyrannis ist eine Alleinherrschaft zum Nutzen des Herrschers, die Oligarchie eine Herrschaft zum Nutzen der Reichen und die Demokratie eine solche zum Nutzen der Armen. Keine aber denkt an den gemeinsamen Nutzen aller.

Aristoteles, pol. 3,1279 a–b. Zit. nach: Aristoteles, Politik, übers. u. hrsg. v. Olof Gigon, München 1981, S. 113 f.

[1] Aristoteles verwendet hier den Begriff »Politie« für Demokratie im guten Sinne, während er den Begriff »Demokratie« im Sinne von »Ochlokratie« (Pöbelherrschaft) benutzt.

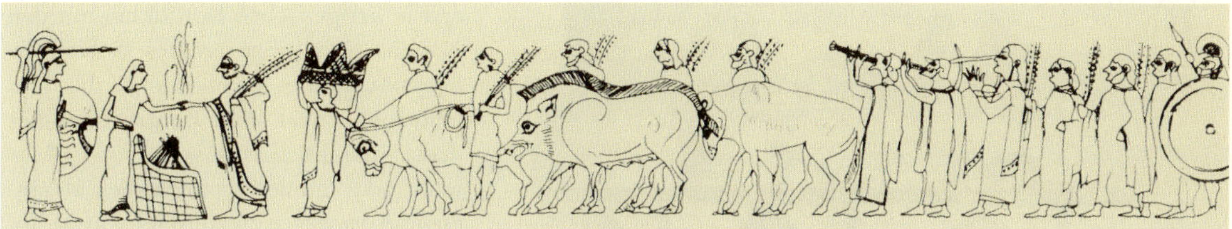

b) Ein Herr aus »besseren Kreisen« bringt der Athena Promachos, der »Vorkämpferin«, ein Tieropfer dar. Bei dem Dreieropfer (Rind, Schwein und Schaf) für die Schild und Speer führende Göttin geleiten Zweigträger die Tiere zum Altar. Das Feuer brennt bereits, die Priesterin begrüßt den adligen Opferherrn. Bildfries einer attischen Bandschale, um 560 v. Chr.

c) Aristoteles (384–322 v. Chr.) zur Frage der besten Verfassung:

Da wir nun aber nach der besten Verfassung fragen, also derjenigen, bei der der Staat am glücklichsten ist, und da wir [...] feststellten, dass die Glückseligkeit ohne Tugend nicht bestehen kann, so ist es klar, dass im vollkommenen Staat, dessen Bürger also schlechthin und nicht nur unter bestimmten Voraussetzungen gerecht sind, diese weder als Banausen[1] noch als Krämer leben dürfen (denn ein solches Leben ist unedel und der Tugend widersprechend); ebenso wenig dürfen diejenigen, die vollkommene Bürger werden wollen, Bauern sein (denn es bedarf der Muße, damit die Tugend entstehen und politisch gehandelt werden kann).

Da nun aber auch das kriegerische Element sowie das über das Zuträgliche Beratende und über das Gerechte Urteilende vorhanden und vorzugsweise ein Teil des Staates ist, [...] wird man diese politischen Aufgaben denselben [den Bürgern] übergeben, aber nicht gleichzeitig; sondern, da ja von Natur die Kraft bei den Jüngeren und die Einsicht bei den Älteren zuhause ist, so scheint es nützlich und gerecht, in diesem Sinne zu verteilen.

Aristoteles, pol. 5, 1328b–1329a. Zit. nach: Aristoteles, Politik, übers. u. hrsg. von Olof Gigon, München 1981, S. 231 f.

[1] »Banausos« ist die verächtliche Bezeichnung für den Mann, der vom Ertrag seiner Handarbeit leben muss und keine Zeit für den Staat hat.

d) Der deutsche Historiker Christoph Höcker über »Idee und Ideologie der Aristokratie«, 1999:

Die Beschreibung einer als Herrschaftsverband fassbaren Aristokratie geht auf Platon und Aristoteles zurück, die im 4. Jahrhundert v. Chr. diese als ideale Staatsverfassung [...] zwischen den ›Abgründen‹ der Demokratie und der tyrannischen Monarchie [ansahen]. Die althergebrachte elitär-oligarchische, also als ›Dominanz weniger über viele‹ konzipierte Adelsherrschaft, wie sie sich in Griechenland noch bis in das 5. Jahrhundert v. Chr. hinein fand, war aber weit von einer derart idealisierten Institutionalisierung entfernt. Arístoi, »die Besten«, so pflegte sich ganz unbescheiden die zahlenmäßig kleine, Grund besitzende und vermögende Klasse zu nennen. Dabei gab es in den griechischen Stadtstaaten und Bürgerschaften keinerlei Instanz, um Familien in diesem Sinne zu ›adeln‹. Zu den *arístoi* gehörte man per Abstammung und Tradition; *arístoi* waren diejenigen Familien, die sich nach den Dark Ages als durchsetzungsfähige Sippenverbände erwiesen hatten und dank Reichtum und Status den Rest der Gesellschaft unterjochen konnten.

e) »Herakles beim Mahle«. Darstellung aristokratischen Lebensstils auf einem korinthischen Krater (Mischkrug), um 590 v. Chr. Das Symposion (Festmahl) gehörte ebenso wie Hunde- und Pferdezucht zu den Freizeitvergnügen der adeligen Oberschicht.

Im 8. und 7. Jahrhundert v. Chr. entwickelten die *arístoi* ein Elite-Ideal, das gesellschaftliches Leitbild wurde. Einzelne Familienclans herrschten über ein oft erst in kriegerischen Konflikten mit den Nachbarclans abgegrenztes Gebiet; die kleinbäuerliche Bevölkerung, die hier lebte, war zwar vom Bürgerstatus her ›frei‹, tatsächlich aber von diesen Clans mehr oder minder wirtschaftlich abhängig und deswegen zwangsläufig loyal. Ihre Äcker waren gepachtet, ein bestimmter Teil des Ertrages war als ›Zins‹ dem Grundbesitzer abzuliefern. Derweil frönten die Aristokraten einem Lebensstil, den sie ideologisch überhöhten: Opfer-Ritual und Zeremonien, Krieg, Sport, Jagd, Pferde- und Hundezucht bildeten die ›adelnden‹, immer wieder in Bilder beschworenen Tätigkeiten einer Oberschicht, die jedwede Handarbeit verachtete, solange sie nicht dem Müßiggang, sondern dem Lebensunterhalt diente.

Auch wenn diese *arístoi* den Luxus durchaus zu schätzen wussten, entwarfen sie doch ein Lebensideal, das eine gewisse bäuerliche Kargheit, einen bewusst ›mäßigen‹ Gebrauch von ›verweichlichendem Luxus‹ pries und sich bewusst vom ostentativen Luxus orientalischer Oberschichten abgrenzte. Dieses ›Ethos‹, das sich als Prinzip ›vernunft-orientierter Mäßigung‹ in der gesamten abendländischen Kulturentwicklung bis heute findet, ist als ›Gegenentwurf‹ zum Bild des östlichen Barbaren zu lesen.

Christoph Höcker, Griechische Antike, Köln 1999, S. 40 f.

1. Erläutern Sie, was nach Aristoteles eine »richtige« Verfassung von einer »verfehlten« Verfassung unterscheidet.
   Welche Arten von Verfassung erfüllen dieses Kriterium, welche nicht? (21a)
2. Erklären Sie, welche Rolle Tugend im Zusammenhang mit der besten Verfassung bei Aristoteles spielen soll. (21c)
   Diskutieren Sie Ihre Ergebnisse (auch aus Aufg. 1) mit Blick auf moderne Verfassungen.
3. Geben Sie in eigenen Worten wieder, wie Höcker Ursprung und Entwicklung der Bezeichnung »arístoi« darstellt. (21d)
   Wodurch hebt sich diese Bevölkerungsschicht von den Übrigen ab und was bedeutet dies für die Gesellschafts- bzw. Herrschaftsstruktur der damaligen Zeit?
4. Erklären Sie, welches aristokratische Selbstverständnis sich darin ausdrückt, einen als Halbgott angesehenen Heroen inmitten der typischen Tischgewohnheiten der griechischen Oberschicht zu präsentieren. (21e)

2.2 Die Polis Sparta

Unter den sich ohnehin ihre Eigenheiten leistenden griechischen Poleis bildete die auf der Peloponnes in der Eurotas-Hochebene gelegene Polis Sparta eine besondere Variante. Ihre auf den sagenhaften Verfassungsgründer Lykurg zurückgeführte Staatsordnung, von der allerdings erst seit dem 5. Jahrhundert v. Chr. Quellen ein Bild vermitteln, bestand jahrhundertelang unbeschadet von inneren Querelen. Während viele andere griechische Poleis konfkliktgeladene Zeiten der Tyrannenherrschaft durchlebten (s. u.), genoss Sparta in der griechischen Welt das Ansehen einer Gemeinschaft von unerschütterlicher Stabilität und großer militärischer Stärke und wurde mehrmals von anderen Poleis zu Hilfe bei der Lösung der eigenen Konflikte gerufen. Auf spartanischer Seite nutzte man entsprechende Hilfeleistungen immer auch zur eigenen Machtsicherung. In Sparta galt es als selbstverständlich, dass sich jeder Bürger voll und ganz in den Dienst des Staates zu stellen habe. Gesellschaft und politische Ordnung waren vor allem militärisch geprägt. Die starke Fixierung aufs Militärische schloss ein Wirken oder gar Leistungen auf anderen Gebieten offensichtlich aus. Kultur stiftende und tragende Phänomene, wie etwa Dichtung, Philosophie und Geschichtsschreibung, fanden in Sparta nicht statt. Im Unterschied zu anderen Poleis bezog man auch kein Selbstwertgefühl daraus, den eigenen Siedlungsort mit repräsentativen öffentliche Bauten auszustatten: »Sparta selbst war ein unansehnliches größeres Dorf ohne architektonische Hervorbringungen« (Wolfgang Schuller). Allen Nicht-Spartanern gegenüber, ob nun Griechen oder Fremden, begegnete man misstrauisch; abgesehen von den militärischen »Hilfsaktionen« für andere Poleis und dem Mitte des 6. Jahrhunderts geschlossenen militärischen Zweck- und Sicherheitsbündnis in Form des Peloponnesischen Bundes unterblieb jeder Kontakt in Form von kulturellem Austausch oder Handelsverkehr, ja man schottete sich von spartanischer Seite nach außen geradezu ab. Von lebensfroheren und weltoffeneren Zeitgenossen wurden die Spartaner denn auch sehr kritisch gesehen, wobei für die späteren äußerst negativen Einschätzungen aus athenischem Umfeld nach dem Peloponnesischen Krieg propagandistische Absichten in starkem Maße urteilsbestimmend waren. Das zur Kennzeichnung von »harten«, »strengen« und »anspruchslosen« Erscheinungen oder Haltungen sprichwörtlich gewordene Attribut »spartanisch« erweckt bis heute, je nach dem eigenen Wertesystem des Betrachters, mehr oder weniger sympathische Assoziationen.

22 **Die Ausdehnung Spartas in der Peloponnes vom 8.–5. Jahrhundert v. Chr.**

Dabei dürften die Verhältnisse auch in Sparta in früherer Zeit andere gewesen sein, als es das Bild einer gegen Ende der archaischen Zeit extrem selbstbezogen anmutenden Gemeinschaft vermittelt. Literarische Fragmente noch aus dem spä-

23 Hoplitenphalanx. Fries der so genannten »Chigi-Kanne«, Mitte des 7. Jahrhunderts v. Chr.

ten 7. Jahrhundert v. Chr. bekunden ein ganz und gar nicht sprachloses Sparta, und archäologische Funde von Bronzen, Vasen und Elfenbeinschnitzereien nicht nur im engeren spartanischen Siedlungsgebiet, sondern im weiteren Mittelmeerbereich bekunden eine höher entwickelte Kunstfertigkeit wie auch »überseeische« Kontakte. Es waren erst die sozialen und machtpolitischen Folgen, die sich für Sparta aus seiner Expansion auf der Peloponnes ergaben, die eine zunächst nicht von der allgemeineren griechischen Entwicklungslinie abweichende Siedlungsgemeinde auf den Sonderweg zur Herausbildung einer »militaristischen, fremdenfeindlichen, engstirnigen Gemeinschaft« (J. T. Hooker) brachten.

Spartanischer Sonderweg

Nachdem Sparta im 8. Jahrhundert v. Chr. zunächst in einem nach späterer antiker Überlieferung 20 Jahre dauernden Krieg weite fruchtbare Gebiete Messeniens erobert und die hier lebende Bevölkerung tributpflichtig gemacht hatte, kam es Mitte des 7. Jahrhunderts v. Chr. zu einem Aufstand der messenischen Ureinwohner. Sparta konnte den Aufstand, durch den die Messenier ihre alte Freiheit wiedererlangen wollten, nur mit Mühe und sozusagen in letzter Minute durch die neue militärische Taktik der Hoplitenphalanx niederschlagen – offensichtlich eine existenzielle Grenzerfahrung der Bedrohung der eigenen Machtposition, nach der sich die spartanische Gesellschaft radikal veränderte.
Die Messenier waren den Spartanern an Zahl weit überlegen, und zur vorbeugenden Abwehr weiterer Aufstände machten die Spartaner sie zu Heloten, d. h. man unterwarf sie einer Zwangsherrschaft, unter der sich ihre Existenz von der eines Sklaven nur dadurch unterschied, dass sie nicht verkauft werden konnten. Auf ihrer eigenen Seite glichen die Spartaner ihre Minderheitsposition qualitativ durch die Umwandlung ihres bisherigen eher üblichen griechischen Gemeinschaftslebens in das eines Militärstaates aus. Während die Heloten die Landgüter der Spartaner bewirtschaften mussten und für deren Lebensunterhalt sorgten, kümmerten sich die Perioken um die nicht-agrarischen Wirtschaftsbereiche. Wie diese am Rande des spartanischen Fruchtlandes in der Euratos-Ebene in eigenen Siedlungen lebenden »Umwohner« in ihre gegenüber den Spartanern mindere Rechtsstellung geraten waren, ist unbekannt. Sie gehörten zwar zu »den Lakedaimoniern«, wie die offizielle – vom Namen des Siedlungsgebietes Lakonien ab-

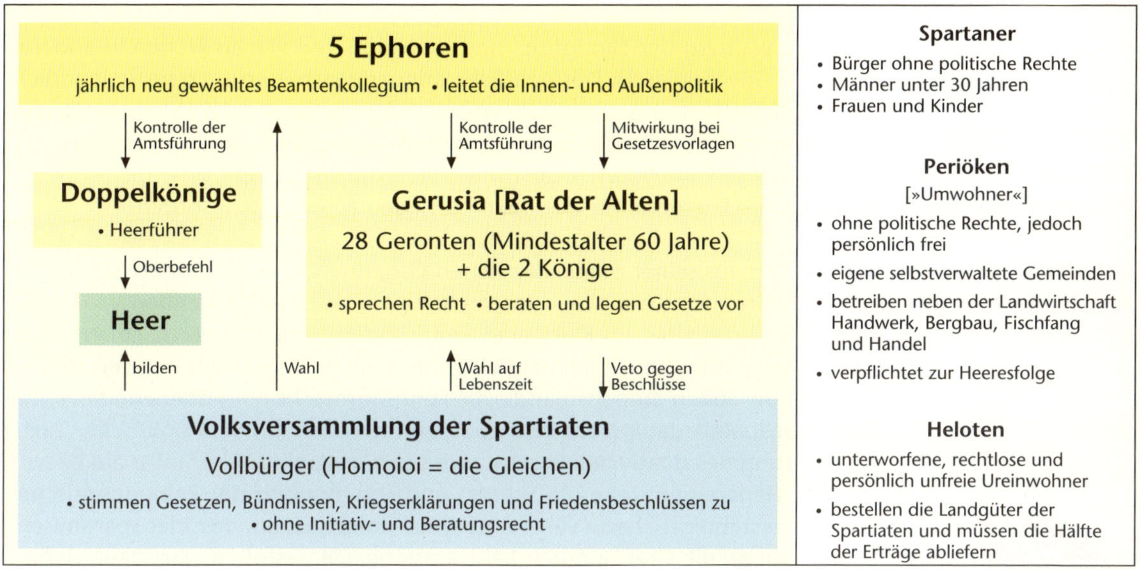

24 Der Staatsaufbau Spartas seit ca. dem 6. Jahrhundert v. Chr. Links die politische Gemeinde Sparta, rechts die von politischer Mitsprache ausgeschlossenen Einwohner.

geleitete – Bezeichnung für den spartanischen Staat lautete, waren ohne politische Rechte von dessen Regierung freilich ausgeschlossen, im Kriegsfall allerdings zur Heeresfolge verpflichtet. Die Periöken übertrafen die Spartaner ebenfalls um einiges an Kopfzahl, betrieben für diese jedoch offensichtlich freiwillig Handwerk und Handel mit. So von allen anderen Obliegenheiten entlastet, konnten sich die Spartaner ganz der angstgetriebenen Fixierung auf die Erhaltung und Steigerung ihrer Wehrkraft überlassen.

Militarismus

Zur Stärkung der Kampfkraft entwickelten sie ein staatlich kontrolliertes Erziehungssystem, die »agogé«. Mit sieben Jahren wurden die Jungen aus ihren Familien herausgenommen und bis zum 20. Lebensjahr in nach Altersstufen gegliederten Verbänden einem militärischen Drill unterzogen, der ganz auf Abhärtung, körperliche Leistungsfähigkeit, Tapferkeit und unbedingten Gehorsam angelegt war. Die mit 20 Jahren als vollwertige Krieger geltenden Spartaner lebten bis zum 30. Lebensjahr kaserniert im zentralen Heerlager. Allerdings waren sie gehalten, in dieser Lebensphase zu heiraten. Ehelosigkeit hätte in Sparta automatisch zum (politischen) Ausschluss aus der Bürgergemeinde geführt. Mit dem Erreichen der Altersgrenze von 30 Jahren rückten die Krieger zum abstimmungsberechtigten Mitglied der Volksversammlung, also im rechtlich-politischen Sinn zum Vollbürger, zum Spartiaten auf. Das Familienleben, das sie ab jetzt praktizieren durften, verlief für sie freilich wenig »zivil«. Denn den Tag verbrachten sie weiterhin in der Wehrgemeinschaft mit ihrem ständigen Hoplitentraining.

Die Frauen im Kriegerstaat

Wenn auch allein die männlichen Spartaner das Programm der »agogé« durchliefen, so wurden auch die Mädchen – was in den Augen anderer Griechen als wenig schicklich galt – zur körperlichen Ertüchtigung erzogen. Überhaupt nahmen die Spartanerinnen eine im Vergleich zu den üblichen griechischen Verhältnissen selbstständigere Stellung ein. Wie alle Frauen in den griechischen Poleis zwar von jeglicher politischen Mitsprache ausgeschlossen, konnten sie doch – was sonst unüblich war – selbst Eigentümerinnen von Grundbesitz sein. Und angesichts der permanenten Abwesenheit der Männer spielten sie offensichtlich bei der alltäglichen Verwaltung der Landgüter eine weit größere Rolle als Frauen in anderen Regionen Griechenlands. Das staatliche Kriegerideal hatten auch sie verinnerlicht und mit den Heloten sprangen sie ebenso herrisch um wie ihre Männer. Als moralisch verwerflich galt anderen Griechen die in einigen Quellen überlieferte Sitte, wonach es verheirateten Spartanerinnen offiziell erlaubt war, nicht nur mit dem eigenen Ehemann für geeigneten Kriegernachwuchs zu sorgen.

Natürliche Grenzen der Leistungsfähigkeit

Mit der ihm aus seiner militärstaatlichen Organisation erwachsenen Schlagkraft konnte Sparta nicht nur alle – sich mehrmals wirklich anbahnenden – Versuche zu Helotenaufständen im Keim ersticken, sondern im Laufe des 6. Jahrhunderts v. Chr. sein Bündnisgebiet auf der Peloponnes um weitere Territorien vergrößern. Dass die im Süden Griechenlands zur Führungsmacht aufgestiegene Polis ihre Expansionspolitik dann nicht fortführte, sondern sich in neuer politischer Taktik zur Wahrung des staatlichen Besitzstandes und des politischen Status auf das unter ihrer Hegemonie stehende Schutz- und Trutzbündnis des Peloponnesischen Bundes verständigte, hatte vermutlich auch damit zu tun, dass der spartanische Militärstaat an die Grenze seiner Leistungsfähigkeit gestoßen war. Denn der angewachsene Machtbereich musste ja gesichert werden. Und das dürfte um 500 v. Chr. schon schwer genug gewesen sein, wenn die – nach heutigem Forschungswissen für die bald beginnende Zeit der Perserkriege anzunehmende – Zahl der im besten Kampfesalter von 20 bis 55 Jahren stehenden Spartiaten bei nicht mehr als 8000 lag.

b) Spartanischer Krieger (Bronzefigur aus dem 6. Jh. v. Chr.). »Furchterweckend vom Haupt flattre der Busch ihm herab!« So dichtete der Spartaner Tyrtaios über die Hopliten.

25 Die politische Ordnung der Spartiaten

a) Der griechische Schriftsteller Plutarch (ca. 45 bis ca. 125 n. Chr.) über die Verfassungseinrichtung durch den sagenhaften spartanischen Gesetzgeber Lykurg:

[…] 5. Unter den verschiedenen Neuerungen, die Lykurg einführte, war die erste und wichtigste die Einsetzung des Rates der Geronten, von dem Platon sagt, dass er, der hitzigen Königsmacht beigemischt und ihr für die wichtigsten Entscheidungen an Rechten gleichgestellt, Wohlfahrt und Vernunft geschaffen habe. Denn der Staat, ungewiss schwankend und bald zu den Königen nach der Tyrannis hin, bald zur Menge nach der Massenherrschaft hin sich neigend, empfing in der Macht der Geronten einen festen Anker, kam so ins Gleichgewicht und gewann die sicherste Ruhe und Stetigkeit, indem immer die 28 Ältesten sich zu den Königen schlugen, um der Massenherrschaft entgegenzuwirken, und hinwiederum, damit keine Tyrannis entstünde, das Volk stärkten. […]

6. So sehr lag diese Behörde dem Lykurg am Herzen, dass er über sie ein Orakel aus Delphi einholte, welches man Rhetra nennt. Es lautet folgendermaßen: »Gründe ein Heiligtum des Zeus Syllanios und der Athena Syllania, schaffe Stämme und Gemeinden, bestimme einen Ältestenrat von dreißig mit den Fürsten, halte von Zeit zu Zeit eine Volksversammlung zwischen Babyka und Knakion. Dann schlägst du vor und lässt abstimmen.« Nach Aristoteles war der Knakion ein Fluss und die Babyka eine Brücke. Zwischen diesen Örtlichkeiten hielten sie ihre Versammlungen, und es gab da keine Hallen noch sonst welche Gebäude. Denn Lykurg glaubte, dass dergleichen einer guten Beratung nicht förderlich, sondern eher schädlich sei, weil es die sich Versammelnden zum Schwatzen verführe und ihren Sinn mit

unnützen Gedanken erfülle, wenn sie während der Versammlung auf Statuen und Gemälde, Vorhallen von Theatern oder prachtvoll verzierte Decken von Rathäusern blickten. War die Menge [bei der Volksversammlung] versammelt, so war es keinem der anderen gestattet, eine Meinung auszusprechen, sondern nur über den von den Geronten und den Königen eingebrachten Antrag zu entscheiden war das Volk befugt. [...]

7. Nachdem Lykurg so eine gemischte Verfassung geschaffen hatte, fanden die nach ihm Kommenden doch die Macht der wenigen [Oligarchie] noch allzu schrankenlos und stark, strotzend und übermütig, und legten ihr darum [...] gleichsam eine Kandare an mit der Amtsgewalt der Ephoren, und zwar wurden etwa 130 Jahre nach Lykurg die ersten Ephoren [...] bestellt. [...]

30. Solange sie [die Lykurg zugeschriebenen Gesetze] in Kraft waren, führte Sparta nicht die Politik eines Staates, sondern das Leben eines selbstbeherrschten Mannes oder vielmehr wie die Dichter erzählen, dass Herakles nur mit Löwenhaut und Keule die Welt durchwanderte und die ungerechten und unmenschlichen Tyrannen bestrafte, so herrschte die Stadt im schlichten Kittel und mit dem Befehlsstab über Hellas, das sich gern und willig fügte, beseitigte ungerechte und tyrannische Regierungen in den Städten, legte Kriege bei, beendete Bürgerzwistigkeiten, oft ohne auch nur einen Schild zu erheben, einfach durch Entsendung eines Gesandten, dessen Weisungen sich sofort alle unterwarfen. [...] So groß war das Übergewicht der Stadt dank ihrer gesetzlichen Ordnung und ihrer Gerechtigkeit.

Plutarch. Auswahl und Einleitung von Konrat Ziegler, Frankfurt a. M./Hamburg 1957, S. 31 ff. (übers. von K. Ziegler)

c) Der griechische Philosoph Aristoteles (384–322 v. Chr.) über das Amt der Ephoren:

Auch das Ephorat ist schlecht eingerichtet. Das Amt als solches hat die Entscheidung in den wichtigsten Angelegenheiten, doch Mitglied kann jeder Beliebige aus dem Volke werden, sodass oft ganz arme Leute, die wegen ihrer Armut käuflich waren, in diese Behörde gelangten. [...] Und da ihre Macht sehr groß und der eines Tyrannen gleich war, so waren sogar die Könige gezwungen, ihnen zu schmeicheln, sodass auch dies ein Schaden für die Verfassung wurde. Denn so wurde sie aus einer Aristokratie zu einer Demokratie.

Diese Behörde hält nun die Verfassung zusammen (denn das Volk bleibt ruhig, da es an diesem obersten Amte teilhat, und mag dies nun der Wille des Gesetzgebers oder der Zufall gewesen sein, so ist es doch den Verhältnissen zuträglich; wenn nämlich eine Verfassung Bestand haben soll, so müssen alle Teile des Staates wollen, dass sie existiere und daure. Die Könige sind zufrieden wegen ihres Ranges und die Aristokraten wegen der Gerusie – denn das Amt ist der Preis der Tugend – und das Volk wegen des Ephorates, da es sich ja aus allen rekrutiert). [...]

Außerdem liegen die wichtigsten Entscheidungen bei ihnen, und da sie beliebige Leute sind, die kein eigenes Urteil haben, so wäre es besser, sie entschieden nach geschriebener Regel und Gesetz.

Aristoteles, pol. 2, 1270b. Zit. nach: Aristoteles, Politik, übers. u. hrsg. von Olof Gigon, München 1981, S. 92 f.

d) Der deutsche Historiker Ernst Baltrusch zur Verfassung Spartas, 1998:

Die spartanische Verfassung »mischte« die bekannten Verfassungformen. Sie war keine Monarchie, obwohl das Königtum, anders als in allen anderen Städten, nicht beseitigt wurde. Auch die Bezeichnung als Oligarchie, als Adelsherrschaft verstanden, taugt nicht für Sparta. Zwar betrachteten die Spartaner im 5. Jahrhundert die Adeligen der griechischen Städte als natürliche Verbündete im Kampf gegen das demokratische Athen, sodass sie in der politischen Propaganda als Oligarchen und Demokratie-Feinde gebrandmarkt wurden; dennoch lässt sich die spartanische Verfassung nicht als Adelsherrschaft im traditionellen Sinne deuten. Und schließlich war sie auch keine Demokratie, obwohl die Volksversammlung und insbesondere die Ephoren als Vertreter der gesamten Bürgerschaft großen politischen Einfluss hatte. Vollendete Demokratie im griechischen Sinne heißt, dass im Gesamtgefüge der Institutionen nur noch die Volksversammlung Einfluss besitzt. [...] In Sparta dagegen war das Verhältnis der Institutionen zueinander erheblich ausgeglichener und zudem infolge der göttlichen Einbindung der Ordnung nahezu unantastbar. So erklärt sich der eigenartig labile, anderseits aber auch sehr flexible Charakter der Verfassung, in der sowohl das personale Element in Gestalt einflussreicher Könige als auch das institutionelle Element in Gestalt des Ephorats dominieren konnte, ohne dass es zu inneren Unruhen (*staseis*) wie in anderen Städten kam.

Ernst Baltrusch, Sparta. Geschichte, Gesellschaft, Kultur, München 1998, S. 29.

1. Beschreiben Sie die wesentlichen Merkmale der Verfassung Spartas mithilfe des Schaubildes (24) und der Texte (25a, c und d).
2. Erläutern Sie, welche Punkte Plutarch (25a) besonders hervorhebt und wie er dies begründet.
3. Vergleichen Sie Ihre Ergebnisse mit Aristoteles' Ausführungen über »richtige« und »falsche« Verfassungen (21a) und beurteilen Sie in diesem Zusammenhang die spartanische Verfassung.
4. Analysieren Sie, wie Baltrusch die Verfassung Spartas charakterisiert (25d), und berücksichtigen Sie dabei besonders, was er mit »so erklärt sich ... Charakter der Verfassung« (Z. 14f.) meint.

26 Die Spartanerinnen – »Wohlbeschaffenheit und Selbstgefühl«?

Plutarch. Auswahl und Einleitung v. Konrat Ziegler, Frankfurt/M. 1957, S. 31 ff.

a) Der griechische Schriftsteller Plutarch (ca. 45 bis ca. 125 n. Chr.) über Erziehung und Selbstbewusstsein der Spartanerinnen:

Mit der Erziehung, die Lykurg für die größte und wichtigste Aufgabe des Gesetzgebers ansah, fing er ganz von vorn an und richtete sein Augenmerk auf Eheschließung und Kinderzeugung. [...] Er kräftigte die Körper der Jungfrauen durch Laufen, Ringen, Diskus- und Speerwerfen. [...] Weichlichkeit, Verzärtelung und alles weibische Wesen verbannte er und gewöhnte die Mädchen, ebenso wie die Knaben nackt ihre Aufzüge zu halten und bei gewissen Festen zu tanzen und zu singen, in Gegenwart und vor den Augen der jungen Männer. [...] Die Entblößung der Jungfrauen hatte nichts Schimpfliches, weil Scham dabei und Lüsternheit fern war, und sie bewirkte die Gewöhnung an Schlichtheit und das Streben nach körperlicher Wohlbeschaffenheit und gab auch der Frau Sinn und Geschmack für edles Selbstgefühl, dass auch sie nicht minder als der Mann Anteil haben sollte am Streben nach Tapferkeit und Ruhm. So kamen sie dazu, so zu reden und zu denken, wie es von Gorgo, der Gattin des Leonidas [s. S. 61] berichtet wird. Als nämlich eine Frau, aus einem anderen Land natürlich, zu ihr sagte: »Ihr Lakonerinnen allein beherrscht eure Männer«, erwiderte sie: »Wir allein gebären auch Männer!«

b) Junge Spartanerin. Bronzestatuette, um 530 v. Chr.

1. Erläutern Sie, wie Rolle und Aufgaben der Frau innerhalb der Gesellschaft Spartas integriert waren und welchen Zweck das haben sollte.
2. Spartanische Frauen – erste Form der Emanzipation? Diskutieren Sie.

27 Opferung »der schönsten Gefühle der Menschheit«?

Friedrich Schiller über den Staat der Spartaner, 1790:

Werfen wir einen bloß flüchtigen Blick auf die Gesetzgebung des Lykurgus, so befällt uns wirklich ein angenehmes Erstaunen. Unter allen ähnlichen Instituten des Altertums ist sie unstreitig die vollendetste. [...]

Alles, was Menschenseelen fesselt und Leidenschaften entzündet, alles außer dem politischen Interesse hatte er [Lykurg] durch seine Gesetzgebung entfernt. Reichtum und Wollüste, Wissenschaft und Kunst hatten keinen Zugang zu den Gemütern der Spartaner. [...] Durch die tiefe Unwissenheit in Kunst und Wissenschaft, welche alle Köpfe in Sparta auf gleiche Art verfinsterte, verwahrte er es vor Eingriffen, die ein erleuchteter Geist in die Verfassung getan haben würde; eben diese Unwissenheit, mit dem rauhen Nationaltrotz verbunden, der jedem Spartaner eigentümlich war, stand ihrer Vermischung mit andern griechischen Völkern unaufhörlich im Wege. [...]

Gegen seinen eignen Zweck gehalten, ist die Gesetzgebung des Lykurgus ein Meisterstück der Staats- und Menschenkunde. Er wollte einen mächtigen, in sich selbst gegründeten unzerstörbaren Staat; politische Stärke und Dauerhaftigkeit waren das Ziel, wonach er strebte, und dieses Ziel hat er so weit erreicht, als unter seinen Umständen möglich war. Aber hält man den Zweck, welchen Lykurgus sich vorsetzte, gegen den Zweck der Menschheit, so muss eine tiefe Missbilligung an die Stelle der Bewunderung treten, die uns der erste flüchtige Blick abgewonnen hat. Alles darf dem Besten des Staats zum Opfer gebracht werden, nur dasjenige nicht, dem der Staat selbst nur als ein Mittel dient. Der Staat selbst ist niemals Zweck, er ist nur wichtig als eine Bedingung, unter welcher der Zweck der Menschheit erfüllt werden kann, und dieser Zweck der Menschheit ist kein andrer als Ausbildung aller Kräfte des Menschen, Fortschreitung. Hindert eine Staatsverfassung, dass alle Kräfte, die im Menschen liegen, sich entwickeln, hindert sie die Fortschreitung des Geistes, so ist sie verwerflich und schädlich, sie mag übrigens noch so durchdacht und in ihrer Art noch so vollkommen sein. Ihre Dauerhaftigkeit selbst gereicht ihr alsdann viel mehr zum Vorwurf als zum Ruhme – sie ist dann nur ein verlängertes Übel; je länger sie Bestand hat, umso schädlicher ist sie. [...]

Eine einzige Tugend war es, die in Sparta mit Hintansetzung aller andern geübt wurde: Vaterlandsliebe.

Diesem künstlichen Triebe wurden die natürlichsten, schönsten Gefühle der Menschheit zum Opfer gebracht.

Auf Unkosten aller sittlichen Gefühle wurde das politische Verdienst errungen und die Fähigkeit dazu ausgebildet. In Sparta gab es keine eheliche Liebe, keine Mutterliebe, keine kindliche Liebe, keine Freundschaft – es gab nichts als Bürger, nichts als bürgerliche Tugend.

Friedrich Schiller, Die Gesetzgebung des Lykurgus und Solon, zit. nach: Karl Christ (Hrsg.), Sparta, Darmstadt 1986, S. 81 ff. (Erstdruck Thalia 1790)

1. Nennen und erklären Sie die Argumente, mit denen Schiller begründet, weshalb »die Gesetzgebung des Lykurgus ein Meisterstück der Staats- und *Menschen*kunde« gewesen sei. Was aber sieht Schiller auch kritisch?
2. In diesem Zusammenhang setzt sich Friedrich Schiller mit der Rolle des Staates zu seinen Bürgerinnen und Bürgern auseinander. Wann ist für Schiller eine Staatsverfassung schädlich? Diskutieren Sie seine Argumente.
3. Schiller bezeichnet die Vaterlandsliebe als »Tugend« und zugleich als »künstlichen Trieb« (Z. 29–32). Diskutieren Sie diese ambivalente Kennzeichnung und ziehen Sie dabei Beispiele aus der (etwa deutschen) Geschichte hinzu, die diese Ambivalenz veranschaulichen können.

2.3 Athen zwischen Tyrannis und Demokratie

Solons Reformen

Einer der Fälle, in denen Sparta in die inneren Angelegenheiten einer anderen Polis eingriff, war 510 v. Chr. die Vertreibung des Athener Tyrannen Hippias. Mit dessen Exilierung in das kleinasiatische (also auf dem Boden des Persischen Reiches liegende) Sigeion endete die – mit Unterbrechungen – 50 Jahre bestehende Tyrannis der Peisistratiden in Athen. Bevor Peisistratos erstmals 561 v. Chr. daran ging, sie zu installieren, hatte es einen »versöhnlichen« Versuch zur Lösung der wirtschaftlichen und sozialen Krise gegeben, in die Athen – wie auch viele andere Poleis – im Verlauf des 7. Jahrhunderts v. Chr. geraten war. Über die konkreten Hintergründe der zunehmenden Verschuldung eines Teils der Bauernschaft ist nichts bekannt, über die sozialen und wirtschaftlichen Folgen sehr wohl. Konnte ein Bauer der Rückzahlungsverpflichtung gegenüber seinem adeligen Kreditgeber – da in Athen zu dieser Zeit noch reine Naturalwirtschaft betrieben wurde, wird es um Abzahlung in Form von Ernteanteilen gegangen sein – nicht nachkommen, hatte der adelige Gläubiger nicht nur die Möglichkeit, sich an Grund und Boden des Schuldners schadlos zu halten, sondern darüber hinaus ein Zugriffsrecht auf dessen Person, d.h. er konnte ihn verkaufen. So kam es zu einer weiteren Konzentration des landwirtschaftlichen Besitzes in den Händen der Adeligen wie auch zum Verkauf von Bauern als Schuldsklaven ins Ausland. Ihr wirtschaftlicher Machtgewinn »animierte« die adeligen Kreise offensichtlich auch zu einer willkürlicheren Ausübung ihrer politischen Macht und ihrer Rechtsprechungsbefugnisse. Zu Beginn des 6. Jahrhunderts v. Chr. hatte sich die Kluft zwischen immer selbstherrlicher auftretenden Adeligen und zunehmend ver-

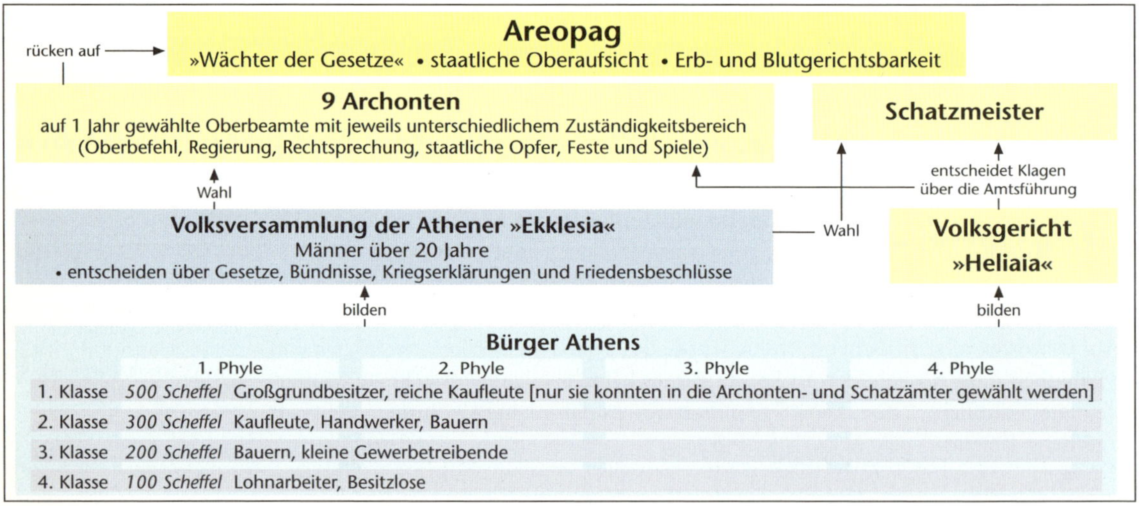

28 Die Verfassung Solons lief auf eine Timokratie hinaus. Sie basierte auf der Klassifizierung der in den alten Stammesverbänden (Phylen) gruppierten (Voll-)Bürger nach ihrer wirtschaftlichen und damit militärischen Leistungsfähigkeit. Zunächst wurde der jährliche landwirtschaftliche Ertrag an Getreide (1 Scheffel = ca. 52 l) zugrunde gelegt, nach Einführung der Münzwährung die jährlichen Geldeinkünfte. Zur 4. Klasse gehörten die Bürger, deren Wirtschaftskraft nicht zur Hoplitenausrüstung reichte und die somit im Kriegsfall nur als Hilfstruppen dienen konnten, zur 3. Klasse die zur Hoplitenausrüstung und damit zur vollen Wehrkraft fähigen Bürger, zur 2. Klasse die Bürger, die sich darüber hinaus noch ein Pferd leisten konnten und die Reitertruppen bildeten. Von ihnen wurden noch einmal die Reichsten gesondert hervorgehoben (1. Klasse); sie bildeten die – da allein sie »Ämterkandidaten« waren – politische und militärische Führungsklasse. Ausgeschlossen von politischer Mitwirkung waren alle attischen Männer unter 20 Jahren sowie auch die Frauen, die zugezogenen Fremden (»Metöken«) und die Sklaven.

armten Teilen der Bauernschaft in Athen so zugespitzt, dass eine gewalttätige Eskalation drohte.
Als der Adelige Solon 594 v. Chr. zum Archonten gewählt wurde, gewährte man ihm – ob von vornherein oder erst später, ist strittig – umfassende Vollmachten, die ihn zum »Versöhner« zwischen den Konfliktparteien machen sollten. Seine wirtschaftsrechtlichen (weitgehender Schuldenerlass; Aufhebung der Schuldknechtschaft), zivilrechtlichen (Einführung der Popularklage, wonach nicht mehr nur der unmittelbar Geschädigte, sondern falls allgemeinere Interessen mit betroffen waren, jeder Bürger ein Klagerecht bekam) und verfassungsrechtlichen Reformen (s. S. 26) haben denn auch für eine zeitweilige Beruhigung der Situation in Athen gesorgt. Auf Dauer mochten sich die Adeligen mit der Einschränkung ihres Machtmonopols durch die solonischen Reformen aber wohl nicht abfinden. Zudem sorgte Solons Weigerung, eine Neuverteilung des Bodens vorzunehmen, weiterhin für sozialen Zündstoff. Solon musste noch selbst mit ansehen, wie sich eine Herrschaftsform durchsetzte, die er eigentlich hatte verhindern wollen: die Tyrannis.

Die Tyrannis der Peisistratiden

Aus einem – heute in den Details nicht mehr zu erhellenden – Machtkampf verschiedener Adelsgeschlechter ging Peisistratos als Sieger hervor. Seine beiden ersten Versuche, sich zum alleinigen »Herrn« (Tyrannen) aufzuschwingen (561/60 v. Chr.), waren allerdings nur kurzzeitig geglückt und Peisistratos wurde danach ins Exil genötigt. Während seiner Exilzeit gelangte er offensichtlich in den Besitz von Gold- und Silberminen in Thrakien, was ihn mit den finanziellen Mitteln ausstattete, mithilfe auswärtiger Söldner 546/45 v. Chr. eine Tyrannis einzurichten

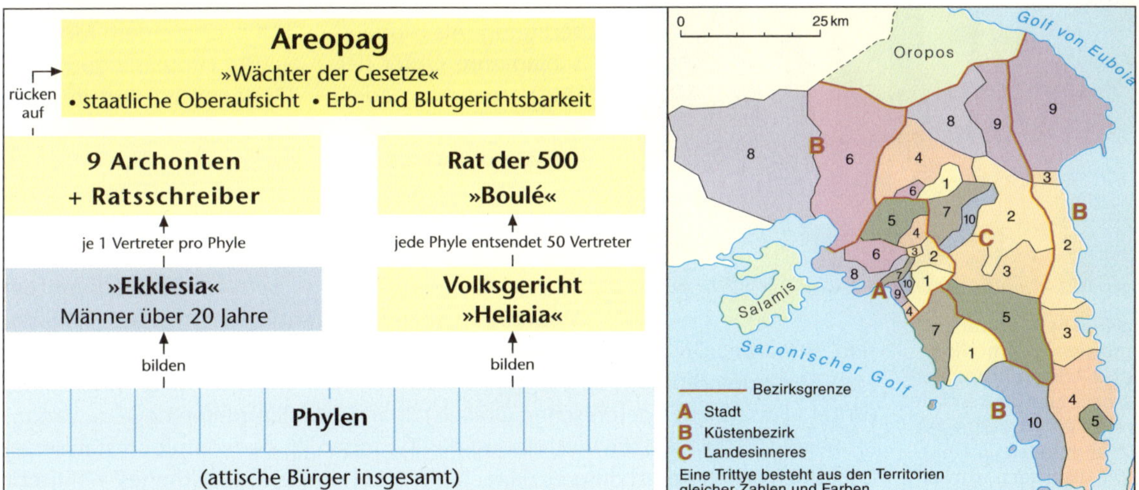

29 Die politische Neuordnung des Kleisthenes erhöhte die Zahl der Bürger, die politisch mitbestimmen durften. Seine einschneidendste Maßnahme bestand darin, die bisherige Einteilung des Volkes von Athen in vier Phylen durch eine Neueinteilung in zehn Phylen zu ersetzen. Dominierten in den bisherigen Phylen die Interessen der adligen Geschlechter der beiden ersten Klassen, zu denen die beiden unteren Klassen gleichsam in einem Klientelverhältnis standen, so löste die Einteilung der Bürgerschaft nach rein territorialen Aspekten diese alten Abhängigkeitsverhältnisse auf.
Alle Vollbürger bildeten zusammen die Volksversammlung (Ekklesia) und jede Phyle entsandte 50 Vertreter in den Rat der 500 (Boulé), dem die Gesetzgebung oblag. Da historisch nicht gesichert ist, ob schon zu Solons Verfassung auch die Schaffung eines ähnlich befugten »Rates der 400« gehörte, ist nicht klar, ob es sich bei dem Rat der 500 um eine bereits vor der Neuordnung durch Kleisthenes vorhandene Institution handelt, die entsprechend der neuen Phylenordnung zahlenmäßig aufgestockt wurde.

und dann auch auf Dauer abzusichern. Über die militärische Machtbasis hinaus instrumentalisierte Peisistratos seine Herrschaft sehr geschickt. Nominell blieb die von Solon geschaffene Ordnung zwar bestehen, faktisch setzte Peisistratos sie jedoch außer Kraft, indem er alle staatlichen Funktionsstellen mit seinen Gefolgsleuten besetzte. In Einzelfällen übertrug er Ämter auch an Männer aus den rivalisierenden Adelsgeschlechtern und neutralisierte damit potenzielle Gegner. Durch großzügige Darlehen und eine (von Solon noch abgelehnte) neue Landverteilungspolitik gelang es Peisistratos, die breite Schicht der bäuerlichen Bevölkerung für sich einzunehmen. Deren wirtschaftliche Lage besserte sich offensichtlich so merklich und nachhaltig, dass sie den Verlust ihrer politischen Mitwirkungsrechte auch nach Peisistratos' Tod (528/27 v. Chr.) akzeptierte und dessen Söhne Hipparchos und Hippias (zunächst) problemlos die Herrschaft fortsetzen konnten. Zur breiten Tolerierung der Herrschaft der Peisistratiden trug nicht zuletzt die Einführung von Münzgeld und eine rege öffentliche Bautätigkeit bei. Beides war Zeichen eines wirtschaftlichen Aufschwungs und steigerte das Selbstbewusstsein der Athener gegenüber anderen Poleis.

30 Die »Tyrannenmörder« Harmodios und Aristogeiton. Marmorstatuen aus römischer Zeit (1. Hälfte des 2. Jahrhunderts n. Chr.). Wie die beiden wohl um 500 v. Chr. geschaffenen originalen attischen Bronzefiguren aussahen, die von den Persern 480 v. Chr. nach der Niederbrennung Athens als »Beutekunst« geraubt wurden, entzieht sich unserer Kenntnis.

Einige attische Adelsfamilien fanden sich freilich mit der Alleinherrschaft der Peisistratiden nie ab und warteten nur auf eine günstige Gelegenheit zu deren Beseitigung. Als Hipparchos 514 v. Chr. einem Mordanschlag zum Opfer fiel, reagierte Hippias rigoros mit der Verbannung adeliger Opponenten und der Enteignung ihres Grundbesitzes. Die den beiden Attentätern Harmodios und Aristogeiton eine Generation später errichteten Standbilder verklären zwar die vornehmlich persönlichen Motive der »Tyrannenmörder«, bezeugen aber den hohen Stellenwert, den ihre Tat als vermeintlich erster Befreiungsschlag von der Tyrannis im späteren öffentlichen attischen Bewusstsein einnahm. Die eigenen Kräfte der adeligen Opposition reichten allerdings zum Sturz des Hippias nicht aus. Erst nachdem der exilierte Adlige Kleisthenes (unter »Einsatz« des delphischen Orakels) Sparta zum Eingreifen bewegen konnte, gelang 510 v. Chr. die Vertreibung des Tyrannen. In dem damit entstandenen herrschaftslosen Raum ging es danach hin und her. Denn Kleisthenes' politische Programmatik entsprach keineswegs dem »Adelsregiment«, das vor allem der königliche Heerführer der Spartaner Kleomenes in Athen verwirklicht sehen wollte. Nach abermaliger Vertreibung zog Kleisthenes durch die von ihm in Aussicht gestellten populären Maßnahmen den Großteil der attischen Bürger auf seine Seite. Deren Aufstand zwang Kleomenes mitsamt seinem für die Herrschaft vorgesehenen attischen Kandidaten zum Abzug aus Athen. So konnte Kleisthenes 507 v. Chr. die ihm vorschwebenden Reformen (s. 29) in Angriff nehmen.

In dem sich abzeichnenden neuen Staatsaufbau des Kleisthenes sahen nicht nur die Herrschenden in Sparta, sondern auch die adeligen Führungsschichten in anderen Poleis des Peloponnesischen Bundes eine Gefahr für die eigene Machtposition. Über die Ziele und Rechtmäßigkeit der militärischen Aktion, die man vonseiten des Peloponnesischen Bundes 506 v. Chr. gegen Athen startete, wurden sich die Teilnehmer allerdings schnell so uneins, dass Athen sie zurückschlagen konnte. Angesichts des drohenden Einmarsches der Truppen des Peloponnesischen Bundes hatte die attische Polis zuvor eine Gesandtschaft zur Sondierung eines möglichen Bündnisses zum Regierungssitz des persischen Satrapen Artaphernes nach Sardes geschickt. Ein Bündnis kam nicht zustande, weil die Gesandten vor Ort zwar die geforderte Anerkennung persischer Oberhoheit leisteten, dieses Vorgehen in Athen selbst aber missbilligt und verworfen wurde.

Die Perser greifen in das innergriechische Machtspiel ein

Nach dem militärischen Fehlschlag verfiel man in Sparta sogar auf den Gedanken, den vertriebenen Hippias wieder in Athen einzusetzen, stieß mit diesem Plan jedoch nicht auf die Gegenliebe der anderen Bundesgenossen. Über die zunächst von spartanischer Seite vergeblich reaktivierte Person des Hippias griff schließlich auch das persische Großreich von sich aus in das bislang innere Mächtespiel der griechischen Poleis ein. Obwohl durch den Verlust der thrakischen Besitzungen eigentlich Leidtragender der persischen Eroberungspolitik des Jahres 512 v. Chr., versuchte Hippias seine Ambitionen zur Rückgewinnung der Macht in Athen über den persischen Satrapen Artaphernes zu realisieren. Dessen Aufforderung zur Wiederaufnahme des Tyrannen war aus persischer Sicht durch die von den attischen Gesandten geleistete formelle Anerkennung persischer Oberhoheit legitimiert. Nachdem es nach dem Sturz der Tyrannis alle innergriechischen Eingriffsversuche in seine politische Autonomie abgewehrt hatte, war Athen wenig bereit, sich von dem Vertreter einer ausländischen – wenn auch – Großmacht die Regierungsform seiner Polis diktieren zu lassen, und man lehnte Artaphernes' Ansinnen als Einmischung in die inneren Angelegenheiten strikt ab. In der Folge der weiteren Ereignisse stellte sich dies als diplomatisches Vorgeplänkel der bald auch militärischen Konfrontation mit dem persischen Großreich heraus.

31 Tyrannis

Der deutsche Historiker Wolfgang Schuller zu Wesen und Funktion der griechischen Tyrannis, 1995:

Die Tyrannis war eine Erscheinung, die zwar vielerorts, doch nicht überall auftrat; und wo sie auftrat, brachte sie es höchsten auf zwei, selten auf drei Herrschergenerationen. Sie war also zwar nur ein Durchgangsstadium und dazu kein notwendiges; viele Tyrannengestalten in ihrer manchmal düsteren Pracht (Periander von Korinth, Polykrates von Samos) verleiteten und verleiten freilich zu einer isolierten und überbetonenden Betrachtung. Dieses Düstere und überhaupt die negative Bewertung der Tyrannis als einer Herrschaftsform der reinen Unterdrückung ist aber großenteils erst spätere antike Tradition, die diese Herrschaftsform an der Freiheit des Verfassungsstaates maß, der ja im Allgemeinen der Nachfolger der Tyrannis war.

Zu ihrer Zeit aber waren die Tyrannen nicht nur gesellschaftsfähig, wie daraus hervorgeht, dass Tyrannen zusammen mit nichttyrannischen Verfassungsgebern und Philosophen unter die Sieben Weisen gezählt werden (Periander); sie waren sogar beneidete Monarchen, wie Kleisthenes von Sikyon, der sich für seine Tochter Agariste einen Ehemann unter Bewerbern aus dem gesamten griechischen Adel aussuchen konnte.

Auch sonst pflegten die Tyrannen nach Möglichkeit ihre Verbindung zum Adel, dem sie großenteils selbst entstammten. Peisistratos ließ Adlige weiter die höchsten Ämter bekleiden und behielt sich nur informell die eigentlichen Entscheidungen vor; der Kult der Adelsgötter wurde eifrig gefördert (Athena- und Zeustempel in Athen), und die Tyrannen legten großen Wert darauf, gute Beziehungen zu den Orakeln, vor allem zu Delphi, zu haben und an den gemeingriechischen adligen Wettkämpfen teilzunehmen. Von vielen hören wir, sie seien Olympioniken gewesen. Obwohl die Tyrannen also einen betont adligen Lebensstil pflegten, widersprach ihre schiere Existenz natürlich dem Grundprinzip der Adelsherrschaft, der Gleichheit unter den Adligen. [...]

Die Voraussetzungen zur Erringung der Tyrannis waren einerseits die Machtkämpfe innerhalb des Adels, zum anderen die Unzufriedenheit größerer Teile des Volkes; die Mittel oft einfach Geld und Söldner. So gelang es, die Herrschaft zu erringen und an der Macht zu bleiben. Dabei spielten zwar, etwa in der Hafenstadt Korinth und auf der Insel Samos, Gruppen von Handwerkern und Händlern möglicherweise eine Rolle, die entscheidende Schicht war aber nach wie vor der bäuerliche Demos, den zu befriedigen der Tyrann sich angelegen sein ließ. Das konnte durch wirtschaftliche Sanierung (etwa durch konfisziertes adliges Land) geschehen, aber auch durch Förderung bäuerlicher Kulte, und auch insofern geriet der Tyrann in einen Gegensatz zum Adel. [...]

Die Tyrannis war also ein in sich ambivalentes Gebilde, das hinreichend und zutreffend weder erklärt ist, wenn man den Tyrannen nur als machtgierigen hypertrophen [überspannten] Adligen, noch wenn man ihn als Werkzeug eines aufbegehrenden Demos betrachtet. Ihre historische Funktion war aber die, gegen die Adelsherrschaft den Weg für den verfassten Hoplitenstaat frei zu machen, der sie in der Regel ablöste, und dieses Ergebnis teilt sie mit den anderen Formen der politisch-sozialen Auseinandersetzung in der Krise der archaischen Gesellschaft. Deshalb ist sie – kurzlebig, wie sie war – nur eine Erscheinungsform dieser Krise, freilich eine eindrucksvoll-spektakuläre.

Wolfgang Schuller, Griechische Geschichte (Oldenbourg Grundriss der Geschichte Bd. 1), München (4. Aufl.) 1995, S. 18 f.

1. Während gemeinhin mit dem Begriff »Tyrannis« zunächst die Assoziation Gewaltherrschaft verbunden wird, zeichnet Schuller hier ein differenziertes Bild für das antike Griechenland. Skizzieren Sie, welche Abhängigkeiten und Machtinstrumente er aufzeigt, und erklären Sie, was er mit »ambivalentes Gebilde« (Z. 34) meint.
2. Inwiefern hat die Tyrannis demnach als Übergangsstadium »den Weg für den verfassten Hoplitenstaat« frei gemacht?

32 Die Erschütterung der Adelsgesellschaft

Der deutsche Historiker Christian Meier zu den Auswirkungen der Reformen des Kleisthenes auf das athenische Selbstbewusstsein und auf Sparta, 1993:

Ob man es [...] in diesem Moment schon wußte oder nicht, die kleisthenische Reform veränderte nicht nur Athen, sondern ganz Griechenland. [...]

Offenkundig [...] hat man Athen als Störenfried empfunden. Ob mehr, weil man – außenpolitisch – seine Macht oder mehr, weil man – innenpolitisch – sein Vorbild fürchtete, ist nicht so wichtig. Denn das eine war vom anderen gar nicht zu trennen. Sowohl in den Poleis wie zwischen ihnen hatte es sich ja so eingespielt, daß man eher nebeneinanderher lebte, daß sich zwischen den Adligen und den Städten vieles die Waage hielt (und die Ausschläge sich insgesamt neutralisierten). Sparta hatte das, gestützt auf vielerlei Verbindungen auf der Peloponnes und zum Teil darüber hinaus, garantiert.

Jetzt erhielt die alte, anerkannte, saturierte Vormacht Konkurrenz, ein neues politisches Zentrum entstand, nahe genug an der Peloponnes, um stark dorthin wirken zu können, zugleich an einer Stelle, von der aus es auch anderswohin ausstrahlen konnte, nach Mittelgriechenland etwa. Keiner wußte, was diese neue Macht wollte; sie selbst eingeschlossen.

Und auch in diesem Punkt war es wie beim Gegenangriff der attischen Aristokraten: Indem Sparta die Gefahr der neuen Macht empfand und sich gegen sie zur Wehr setzte, gab es ihr Gelegenheit, sich zu beweisen, ja vermutlich sich ihrer Möglichkeiten überhaupt erst bewußt zu werden. Denn es war den attischen Bürgern doch wohl zunächst nur um die eigene, innere Ordnung gegangen. Statt dessen wurden sie gleich in Außenpolitik und Krieg verwickelt. Nicht lange, und sie trauten es sich sogar zu, im jonischen Aufstand gegen Persien mitzuspielen.

Es ist bezeichnend, daß Sparta sich nicht einmal davor scheute, zu versuchen, was es noch nie versucht hatte, nämlich eine Tyrannis zu etablieren. Zur Bewahrung des Guten Alten setzte es ein Mittel ein, das den vorherrschenden Auffassungen von der Rechten Ordnung so gar nicht entsprach. [...]

Zum Schluss des Jahrhunderts hatte sich in Athen also endlich und mit unverhofften Konsequenzen gebildet, was Solon nicht hatte herstellen können: eine Ordnung, in der man der Willkür und Selbstbezogenheit der Adligen steuern konnte. Sie hatte ihr Schwergewicht in den breiten Schichten der Bürgerschaft.

Christian Meier, Athen – Ein Neubeginn der Weltgeschichte, Berlin 1993, S. 100 u. 102f.

1. Erläutern Sie anhand der Schaubilder (28 und 29) die Unterschiede der solonischen und der kleisthenischen Ordnung für Athen und vergleichen Sie mit der spartanischen Verfassung (24).
2. Erklären Sie, worin Christian Meier – innen- und außenpolitisch – die Bedeutung der kleisthenischen Reform sieht und wie er dies begründet (32). Weshalb empfindet seiner Meinung nach gerade Sparta diese Reform als Gefahr?

2.4 Die ionischen Poleis

Wohlhabende Handelsstädte

Ausgelöst wurden die jahrzehntelangen Auseinandersetzungen zwischen Griechen und Persern durch den so genannten »Ionischen Aufstand« der griechischen Städte in Kleinasien an der Westküste der heutigen Türkei (500 v. Chr.). Diese Poleis waren bereits im Zuge der ersten griechischen Kolonisationswelle, der ionischen Wanderung (etwa 11. bis 9. Jahrhundert v. Chr.), entstanden. Die Ionier gehörten zu den ältesten ethnischen Gruppen des griechischen Volkes. Die Lage ihrer neu gegründeten Städte am Anfang der großen Handelswege ins Innere Asiens sowie als Tore zum westlichen Mittelmeer begünstigte intensive Handels- und Austauschaktivitäten. Unter den aufblühenden Poleis entwickelte sich Milet zur politisch und kulturell führenden Stadt: Die Polis wurde zur Mutterstadt für etwa 90 Kolonien an der Küste des Schwarzen Meeres und zum bedeutendsten Umschlaghafen für den Handel mit dem Orient.

Kroisos und Kyros

In den Beziehungen untereinander boten die ionischen Poleis ein ähnliches Bild wie die Stadtstaaten in Griechenland: Auch sie rivalisierten stark miteinander, sodass eine politische Einigung der zunächst von »Stadtkönigen«, später in der Regel von Tyrannen regierten Städte nicht zustande kam. So konnten es die einzelnen, mehr an Absonderung und Eigenständigkeit interessierten Gemeinwesen

33 Kroisos auf dem Scheiterhaufen. Vasenbild einer attischen Amphore, um 500 v. Chr. Über das Ende des Lyderkönigs gibt es verschiedene Versionen: Tod im Kampf, von Kyros angeordnete Verbrennung auf dem Scheiterhaufen oder großzügige Verschonung durch Kyros. Das Vasenbild präsentiert eine weitere Version:
Es zeigt Kroisos beim letzten Opfer vor der angeblichen Selbstverbrennung.

auch nicht verhindern, dass der 560 v. Chr. an die Macht gelangte lydische König Kroisos zahlreiche ionische Poleis – bei Belassung ihrer sonstigen Autonomie – in die Steuerpflicht zwang. Razzienartige Tributeintreibungen von lydischer Seite waren die ionischen Poleis zwar gewohnt, doch mit Kroisos bekamen sie es jetzt mit einem äußerst eroberungssüchtigen Herrscher zu tun. Seine eigentlichen Ambitionen richteten sich allerdings nach Osten: Lydisches Expansionsziel war der territoriale Zugewinn von Kilikien (s. 5). Damit aber kam Kroisos einem anderen, ebenfalls ausgesprochen expansionistisch eingestellten Machthaber in die Quere: Nach der Konsolidierung seiner Herrschaft in Medien hatte der neue persische Machthaber Kyros damit begonnen, den persischen Machtbereich weit nach Westen auszudehnen. Vermutlich in Vertrauen auf seine immensen finanziellen Mittel – der sagenhafte Reichtum, der ihm aus den Bergwerken in der Nähe von Pergamon zufloss, ist ja bis heute sprichwörtlich (»Krösus«) – ließ Kroisos sich auf die militärische Konfrontation mit den aufstrebenden Persern ein – mit für ihn katastrophalen Folgen. Nach zwei verheerenden Niederlagen wurde Lydien 546 v. Chr. persisches Hoheitsgebiet.

Aus dem ungewöhnlich brutalen Vorgehen, mit dem anschließend noch im selben Jahr auch die ionischen Poleis in das Perserreich eingegliedert wurden und das Züge einer Strafexpedition hatte, schließen heute manche Forscher, dass auch Kontingente aus diesen Städten an Kroisos' militärischem Unternehmen gegen die Perser beteiligt waren. Dabei hatte sich Milet offensichtlich herausgehalten, denn es genoss in der Folgezeit eine schonende Sonderbehandlung durch die Perser. Die Poleis wurden tributpflichtig, behielten jedoch weitgehend ihre Autonomie. Das schloss freilich die Verpflichtung zur Heeresfolge nicht aus, wie die Beteiligung am Skythenfeldzug des Dareios zeigt, zu dem die ionischen Poleis ein Schiffskontingent zu stellen hatten. Im Zuge der Neustrukturierung des persischen Weltreichs unter Dareios wurde Ionien im Jahre 517 v. Chr. persische Satrapie mit Sardes als zentralem Verwaltungssitz.

Der Ionische Aufstand

Soweit es ihre ökonomischen und hoheitlichen Rechte betraf, konnten sich die Perser im Fall der ionischen Poleis zunächst auf die – überwiegend in Form einer Tyrannis organisierten – Verwaltung durch die lokalen Adelsgeschlechter verlassen. Gegen Ende des 6. Jahrhunderts v. Chr. wurde die wirtschaftliche und politische Lage in den ionischen Städten jedoch zusehends heikler. Die Perser bevorzugten offensichtlich den Handel mit Phönizien und ließen die Handelsgeschäfte im westlichen Teil ihres Großreiches auch lieber durch phönizische Seehändler abwickeln. Damit erlitten die ionischen Gemeinden nicht unbeträchtliche Einbußen ihres früheren gewohnten Wohlstands. Zudem ergriff die zunehmende Bewegung in den griechischen Poleis, gegen die herrschende Tyrannen ein stärkeres Mitspracherecht breiterer Bevölkerungsschichten einzufordern, auch das ionische Gebiet. Auf Naxos war die Tyrannis schon 524 v. Chr. durch Sparta beseitigt worden, was sich dann um 500 v. Chr. insofern auswirkte, als es jetzt den verbannten Adligen gelang, den in Milet regierenden Tyrannen Aristagoras zum Agieren für ihre Wiedereinsetzung zu bewegen. Eigenmächtiges Handeln hielt Aristagoras allerdings nicht für opportun. Das militärische Vorgehen gegen Naxos ließ er sich – wobei er reichlichen Beutegewinn aus der wirtschaftlich einträglichen Insel in Aussicht stellte – von dem in Sardes residierenden Satrapen Artaphernes als sozusagen im persischen Auftrag geführt genehmigen. Die auch vom Großkönig abgesegnete Aktion scheiterte jedoch militärisch, und Aristagoras sah sich danach selbst in einer Zwangslage. Weder konnte er die hohen Kosten des fehlgeschlagenen Unternehmens begleichen noch den Persern den versprochenen wirtschaftlichen und territorialen Gewinn bieten. Angesichts zu befürchtender Strafmaßnahmen seitens der Perser trat Aristagoras die Flucht nach vorn an. Er legte seine Tyrannis in Milet nieder, animierte auch andere Poleis zur Beseitigung der herrschenden Tyrannis und rief zum »Befreiungskampf« gegen die Perser auf. Ohne Unterstützung der griechischen Poleis waren die Erfolgsaussichten dieses Unterfangens ziemlich gering. Aristagoras' Werben für die »gemeingriechische Sache« fand allerdings nur in Eretria und Athen Gehör, wobei Athen die nach Ausbruch des Aufstandes bereitgestellten 20 Schiffe bald wieder zurückrief. Die Verbände der am Aufbegehren gegen die Perser beteiligten ionischen Poleis operierten zunächst erfolgreich. 498 v. Chr. wurde Sardes eingenommen und – wie nachträglich von griechischer Seite behauptet wurde – »aus Versehen« eingeäschert. Dass dabei auch die mittlerweile hier eingerichteten persischen Heiligtümer vernichtet wurden, sollte Jahre später für entsprechende persische Racheaktionen sorgen. Auf Dauer und obgleich sich die Entscheidung letztlich sechs Jahre hinzog, waren die ionischen Verbündeten den persischen Gegenmaßnahmen, denen offensichtlich ein groß angelegter strategischer Plan – neuralgische Schnittstellen bzw. geografische Knotenpunkte wurden zuerst zurückgewonnen – zugrunde lag, nicht wirklich gewachsen. Nach der Niederlage der ionischen Flotte bei Lade eroberten die persischen Truppen noch im selben Jahr 494 v. Chr. Milet, machten es dem Erdboden gleich und deportierten die Einwohner in ein Gebiet am unteren Tigris. 493 v. Chr. waren alle ionischen Aufstandsgebiete wieder fest in persischer Hand. In der Rückschau sind die drei Jahre danach die Zeit der Ruhe vor dem Sturm: Dass an der Erhebung gegen seine Herrschaft auch zwei Poleis vom griechischen Festland beteiligt waren, vergaß Dareios nicht.

34 Der thronende Dareios im vollen Herrscherornat. Detail der so genannten Perser-Vase, apulischer Grab-Krater, um 330 v. Chr.

Beschreiben Sie die Einzelelemente des Vasenbildes und erklären Sie Darstellungsaussage und -absicht.

35 Der »Ionische Aufstand« – Ideologie, Ursachen, Wirkungen

a) Der griechische Geschichtsschreiber Herodot (ca. 485–424 v. Chr.) beschreibt Aristagoras' Werbungsversuche um mächtige Bundesgenossen zunächst in Sparta ...:
Aristagoras, der Tyrann von Milet, kam also nach Sparta, während Kleomenes [s. S. 44] noch regierte. Zu den Verhandlungen hatte er, wie die Lakedaimonier erzählen, eine eherne Tafel mit gebracht, in die der ganze Erdkreis, alle Meere und alle Flüsse eingegraben waren.[1] Als Aristagoras vor dem König stand, sprach er folgendermaßen: »Kleomenes, wundere dich nicht, dass ich in solcher Eile nach Sparta gekommen bin. Unsere Lage ist furchtbar. Dass die Söhne Ioniens Sklaven, nicht freie Männer sind, ist für uns die tiefste Schmach und der grimmigste Schmerz, ist aber auch für euch, die führende Stadt in Hellas, schmählich und schmerzlich. Darum beschwören wir euch bei den Göttern der Hellenen: Errettet die blutsverwandten Ionier aus der Knechtschaft! Es ist so leicht für euch, das zu tun. Die Barbaren sind schlechte Krieger, aber ihr nehmt als Kriegshelden die oberste Stelle ein. Ihre Kampfesweise ist folgende: Sie haben Bogen und kurze Speere und gehen in Hosen und mit Hüten auf dem Kopf in die Schlacht; so leicht ist es, sie zu besiegen. Dazu sind die Völker drüben in Asien reicher als alle anderen, an Gold vor allem, dann an Silber, Erz, bunten Stoffen, Zugtieren und Sklaven. Das ist alles euer, wenn ihr wollt. [...] Wozu streitet ihr euch um kleine Gebiete, die nicht einmal reich sind, mit ebenbürtigen Gegnern wie den Messeniern, mit Arkadern und Argeiern, bei denen es weder Gold noch Silber gibt, um das zu kämpfen und zu sterben sich verlohnte! Ohne Mühe könntet ihr die Herren von ganz Asien sein, und ihr besinnt euch noch?« So sprach Aristagoras. Kleomenes antwortete: »Freund aus Milet! Warte drei Tage, so sollst du Antwort haben.«

b) Persischer Krieger, ins Riesenhafte gesteigert. Rotfiguriger Kelchkrater, 5. Jahrhundert v. Chr.

Das war der Erfolg ihres ersten Gesprächs. Als nun der Tag der Antwort herankam und sie sich an dem verabredeten Orte trafen, fragte Kleomenes den Aristagoras, wieviel Tagesreisen es von der ionischen Küste zum Perserkönige seien. Und Aristagoras, der sonst ein kluger Mann war und jenen sehr wohl hätte hintergehen können, ließ sich hier überrumpeln. Statt die Wahrheit zu verschweigen, was er hätte tun müssen, um die Spartiaten nach Asien zu locken, sagte er offen, dass es ein Weg von drei Monaten[2] sei. Da schnitt jener alles, was Aristagoras noch weiter von dem Wege sagen wollte, mit den Worten ab: »Freund aus Milet, verlasse Sparta, noch ehe die Sonne untergeht! Du willst die Lakedaimonier drei Monate weit vom Meere ins Land führen, das ist keine annehmbare Bedingung für sie.«

Herodot, Historien V. 49–50, übersetzt von A. Horneffer, Stuttgart 1971, S. 346 ff.

[1] Es handelt sich bei dieser Karte um einen in Milet angefertigten Plan der persischen Reichsstraße (s. 20), auf dem die Stationen von Sardes bis nach Susa aufgeführt waren. Während Herodot hier nur die von dieser Straße berührten Länder des Persischen Reiches erwähnt, gibt er an anderer Stelle seines Werkes (Kapitel 52) eine genaue Beschreibung der einzelnen Stationen. Neben diesem Straßenplan gab es auch in den ionischen Städten Karten der Länder des persischen Weltreiches. Einige gaben nur die Umrisse der Länder wieder, bei anderen waren auch die Satrapien eingetragen.

[2] Die Zeitangabe bezieht sich auf den Marsch einer Heeresabteilung. Die Kuriere des Großkönigs konnten einen Brief in sieben Tagen von Sardes nach Susa bringen.

c) … dann nach Athen:

Als jetzt Hippias [s. S. 45] […] nach Asien zurückkehrte, setzte er alles gegen die Athener in Bewegung, verleumdete sie bei Artaphernes und tat, was er konnte, um Athen in seine und des Dareios Gewalt zu bringen. Als die Athener Kunde davon erhielten, schickten sie Boten nach Sardes, die Perser möchten den athenischen Verbannten keinen Glauben schenken. Artaphernes ließ sagen, wenn ihnen ihr Leben lieb sei, sollten sie Hippias wieder in die Stadt aufnehmen. Aber die Athener verweigerten das; sie waren zu offenen Feindseligkeiten gegen Persien fest entschlossen. Gerade zu dieser feindseligen Stimmung gegen Persien kam Aristagoras von Milet nach Athen, nachdem er durch König Kleomenes aus Sparta fortgewiesen worden war. Athen war ja nach Sparta die mächtigste Stadt in Hellas. Aristagoras trat vor dem Volke auf und wiederholte, was er in Sparta gesagt hatte, sprach also von den Reichtümern Asiens und von der persischen Kampfesweise, dass die Perser nämlich weder Schild noch Lanze führten und leicht zu besiegen seien. Er fügte hinzu, dass Milet athenische Kolonie sei und dass es ihre Pflicht sei, die Stadt zu retten, wozu sie vollauf die Macht hätten. Alles Denkbare versprach er und bat so lange, bis er sie überredet hatte. Es ist augenscheinlich leichter, viele zu täuschen als einen: Mit dem einen Kleomenes in Sparta war es ihm nicht gelungen, mit 30 000 Athenern[1] gelang es ihm. So beschlossen die Athener, zwanzig Schiffe den Ionern zu schicken, und ernannten zu deren Feldherrn den hoch angesehenen athenischen Bürger Melanthios. Diese Schiffe wurden verhängnisvoll, für die Hellenen sowohl für die Barbaren.

Herodot V. 96–99, Historien, übersetzt von A. Horneffer, Stuttgart 1971, S. 370 f.

[1] Herodot meint damit die abstimmungsberechtigten Bürger von Athen. Die Zahl soll hier, wie bei Zahlenangaben in ähnlichen Fällen etwa auch bei Platon und Aristophanes, nur eine große, nicht zu übersehende Menge bezeichnen. In Athen waren zu der Zeit etwa 10 000 Bürger abstimmungsberechtigt.

d) Herodots Bericht über Dareios' erste Zurkenntnisnahme der Athener:

Währenddessen erhielt König Dareios die Meldung, Sardes sei von den Athenern und Ioniern genommen und in Brand gesteckt worden, und der Führer und eigentliche Anstifter sei Aristagoras von Milet. Als er das hörte, soll er, ohne über die Ionier ein Wort zu verlieren – er wusste wohl, dass ihr Abfall sie teuer zu stehen kommen würde –, nur gefragt haben, wer denn die Athener seien. Als man ihm Auskunft gegeben, forderte er seinen Bogen, legte einen Pfeil darauf und schoss hinauf gegen den Himmel. Während der Pfeil in die Luft flog, sagte er: »Oh Zeus [gemeint ist Ahuramazda]! Gewähre mir, dass ich mich an den Athenern rächen kann!« Nach diesen Worten soll er einem Diener den Auftrag erteilt haben, ihm jedes Mal, wenn das Mahl bereitet sei, dreimal zuzurufen: »Herr! Vergiss nicht die Athener!«

Herodot, Historien V. 105, übersetzt von A. Horneffer, Stuttgart 1971, S. 373 f.

e) Der deutsche Historiker Hermann Bengtson zum Ionischen Aufstand, 1960:

Mit dem Aufstand der ionischen Griechen gegen die Herrschaft der Perser i. J. 500 (oder 499) v. Chr. beginnt eine neue Zeit. Zum ersten Mal in seiner Geschichte ist das persische Weltreich auf den nationalen Widerstand eines Volkes gestoßen, der den Einsatz bedeutender Machtmittel zu Wasser und zu Lande durch die Perser erforderlich machte und der erst nach einem halben Jahrzehnt erbitterten Kampfes niedergeschlagen werden konnte. Die Tatsache, dass der Aufstand der kleinasiatischen Ionier der erste in einer langen Kette der offenen Rebellionen im Achaimenidenreich gewesen ist, kennzeichnet die allgemeine geschichtliche Bedeutung des Ereignisses zur Genüge. Dabei will es wenig besagen, dass der Freiheitskampf der Ionier auch auf wirtschaftliche Ursachen und gewiss auch auf persönliche Motive der ionischen Politiker zurückzuführen ist. Von einem tief gehenden Mangel an hohem ethischen Wollen, an Disziplin und Berechnung bei den Ioniern zu sprechen, ist eine arge Übertreibung, und selbst wenn eine derartige Behauptung in vollem Umfange berechtigt wäre, so würde sie doch gegen die allgemeine historische Bedeutung des großen Ereignisses nicht das Geringste besagen. Die tieferen Ursachen des Aufstandes lagen in der persischen Politik gegenüber den Hellenen in Kleinasien begründet. Dem feudalen Aufbau ihres Herrschaftssystems entsprechend, hatten die Perser überall in den griechischen Städten ihres Machtbereichs griechische Vertrauensmänner des Großkönigs ans Ruder gebracht, auf deren erprobte Freundschaft die Perser rechnen zu können glaubten. In den Augen der Bürger der Griechenstädte waren diese Männer nichts anderes als Tyrannen, die das Eigenleben der Poleis in Fesseln schlugen. Die Stadtherren dagegen fanden einen Rückhalt an den persischen Satrapen und an den perserfreundlichen Kreisen innerhalb der Bürgerschaft, an denen es in Ionien nicht fehlte. Es war verständlich, wenn man die Perser und ihre Parteigänger für wirtschaftliche Rückschläge verantwortlich machte, die Ioniens Handel im letzten Viertel des 6. Jahrhunderts erlitten hatte. Die Eroberung des Nillandes durch Kambyses (525) bedeutete eine empfindliche Beeinträchtigung des griechischen, im Besonderen aber des ionischen Ägyptenhandels; der Rückgang des griechischen Handelszentrums Naukratis spricht eine sehr deutliche Sprache. Dazu hatte Dareios I. nach dem Skythenzug (513/2) seine Hand auf die Meerengen zwischen Europa und Asien gelegt; die Perser kontrollierten insbesondere den griechischen Nordhandel mit dem Schwarzmeergebiet, der für eine Stadt wie Milet von geradezu lebenswichtiger Bedeutung war. [...] So tief die wirtschaftlichen Rückschläge von den Ioniern empfunden wurden – für die Erhebung waren nicht die ökonomischen, sondern die politischen Motive ausschlaggebend, vor allem die Einschränkung der kommunalen Autonomie durch die persische Administration und durch die von den Persern gestützten Tyrannen. Nur ein Grieche konnte empfinden, was es bedeutete, wenn über sein eigenes Schicksal nicht mehr durch die Ekklesia der Heimatstadt, sondern durch den Satrapen oder durch den persischen Großkönig im fernen Susa entschieden wurde.

Hermann Bengtson, Griechische Geschichte, Von den Anfängen bis in die Römische Kaiserzeit, München 1979 (5. Aufl.), S. 125 ff.

f) Der deutsche Historiker Christian Meier zum Ionischen Aufstand, 1993:

Dieser Beschluss der Athener [die ionischen Städte bei ihrer Erhebung mit 20 Schiffen zu unterstützen], nicht schon der Abfall der Jonier von Persien, war nach Herodot der Anfang von viel Unglück für Griechen und Barbaren. Hätten die Athener sich herausgehalten, so meinte er wohl, wäre dieser Jonische Aufstand nichts anderes gewesen und geblieben als so viele andere Empörungen, wie sie im Perserreich immer wieder aufflammten, um dann über kurz oder lang niedergeworfen zu werden; ein Ereignis ohne weitere Folgen über die unmittelbar Beteiligten hinaus. Statt dessen wurde es – der Athener wegen – zum Beginn der Perserkriege.

Daran ist viel Wahres, und sicherlich hat Herodot auch recht, wenn er den Leichtsinn, mit dem die Athener sich engagierten, mit Spott und Kritik bedenkt und zugleich auf all das Unglück verweist, das die Perserkriege mit sich brachten. Doch vermutlich hätten sich über kurz oder lang Auseinandersetzungen zwischen den Griechen des Mutterlands und den Persern ohnehin kaum vermeiden lassen. Sie hatten sich ja längst angebahnt.

Gewiß, der Anfang, den dieser Aufstand genommen hatte, war höchst banal. Persönlicher Ehrgeiz, Ärger, Befürchtungen, wie so oft in solchen Fällen. Offenbar auch lebhafte Wünsche breiterer Schichten nach Teilhabe an der Politik, wie in Athen und in Naxos. Die Geschichte des politischen Denkens, der zunehmenden politischen Ansprüche konnte an den jonischen Städten kaum spurlos vorübergehen. Man wollte auch die Tyrannen loswerden. Gelegentlich wird heute zugleich auf wirtschaftliche Beschwernisse hingewiesen. In der griechischen Faktorei Naukratis in Ägypten versiegen die Funde jedenfalls um 525, was dafür sprechen könnte, daß der Handel der jonischen Städte, der sich dort konzentrierte, behindert wurde. Doch gleichgültig, wie man das deutet, so unmittelbar können Motive dieser Art ein knappes Menschenalter nach ihrer Entstehung kaum mehr gewirkt haben.

Insgesamt ist der Ärger jedenfalls mehr aus gestiegenen Ansprüchen der Griechen als aus einer Verschärfung der bald fünfzigjährigen Herrschaft der Perser erwachsen, die ihrerseits an eine jahrzehntelange Beherrschung durch die Lyder sich anschloß. Er mag in eine gewisse Aufbruchsstimmung eingegangen sein. Der neue Möglichkeitshorizont war noch nicht abgetastet.

Christian Meier, Athen – Ein Neubeginn der Weltgeschichte, Berlin 1993, S. 226 f.

g) Persisches Rollsiegel, das Dareios bei der Löwenjagd zeigt. Fundort Ägypten.

1. Erläutern Sie, wie Herodot in 35a und c Spartaner und Athener darstellt. Welche Argumente führt Aristagoras jeweils an, um Verbündete zu gewinnen? Wie werden »die Perser« geschildert? Was bezweckt Herodot mit dieser Art von Darstellung?
2. Analysieren Sie und belegen Sie mit Textstellen, was Herodot von der Person des Aristagoras und von dem »Ionischen Aufstand« überhaupt hält.
3. Erläutern Sie, welche Funktion das in 35d geschilderte Verhalten des Dareios in Herodots nach dem Ende der Perserkriege verfassten Geschichtswerk hat.
4. Listen Sie die Gründe auf, die H. Bengtson (35e) für den Ausbruch des Aufstandes der ionischen Poleis anführt, und analysieren Sie, wie er die Kontrahenten bewertet.
5. Diskutieren Sie vor dem Hintergrund Ihres Vorwissens Bengtsons Formulierungen: »Zum ersten Mal in seiner Geschichte …« (Zeile 2 f.) sowie »Nur ein Grieche konnte empfinden …« (Zeile 36 ff.).
6. Arbeiten Sie in einem Vergleich der Quellen 35 e und f heraus, welche Motivationen und Gründe nach Meier mehr bzw. weniger Einfluss auf den Ausbruch des Ionischen Aufstandes hatten als nach Bengtson.

3. GRIECHEN UND PERSER – DIE KRIEGERISCHEN AUSEINANDERSETZUNGEN

493 v. Chr.	Themistokles wird Archon in Athen.
492 v. Chr.	Eroberung von Thrakien und Makedonien durch die Perser unter dem Feldherrn Mardonios
490 v. Chr.	1. Feldzug der Perser gegen das griechische Mutterland; September: Sieg des athenischen Landheeres über die Perser bei Marathon unter der Führung des Miltiades
487–483 v. Chr.	Durchführung des Flottenbauprogramms des Themistokles
486 v. Chr.	Dareios I. stirbt, Nachfolger ist Xerxes I., der zunächst Aufstände in Ägypten und Babylonien niederschlägt und in den Folgejahren die akribische Vorbereitung eines neuen Feldzugs gegen Griechenland unternimmt.
480/479 v. Chr.	2. (jetzt Reichs-)Feldzug der Perser gegen Griechenland
August 480	Sieg der Perser bei den Thermopylen, Verwüstung des böotischen und attischen Landes, Plünderung Athens, Evakuierung der Athener
September 480	Seesieg der Griechen bei Salamis unter Führung des Spartaners Eurybiades nach Plänen des Themistokles
Frühjahr 479	Landschlacht bei Plataiai und Sieg der Griechen in der Seeschlacht am Mykale-Gebirge bei Milet; Friedensschluss
478/477 v. Chr.	Gründung des Attischen Seebundes durch Athen und die ionischen Städte zur Abwehr der Persergefahr; Athen wird zur wirtschaftlich führenden Polis in Griechenland; wachsende Entfremdung und Spannungen mit Sparta
467/466 v. Chr.	Land- und Seesieg über die Perser am Eurymedon (Pamphylien)
451 v. Chr.	5-jähriger Waffenstillstand mit Sparta
449/448 v. Chr.	Kallias-Frieden (Verständigung mit Persien)
387 v. Chr.	»Königsfriede«: Die griechischen Poleis in Kleinasien geraten wieder unter persische Herrschaft.
334 v. Chr.	Eröffnung des Feldzugs gegen Persien durch den Makedonen Alexander, der bis zu seinem Tod 323 ein Weltreich erobert.

Diese Jahreszahlen sind »In-etwa«-Zahlen: Die Antikenforschung muss sich zwar weiterhin auf vergleichsweise wenige Anhaltspunkte stützen, dennoch lassen sich durch neue Methoden, etwa der computergestützten Archäologie, neue Erkenntnisse gewinnen, nach denen ältere zeitliche Einschätzungen – mal mehr, mal weniger überzeugend begründet – korrigiert werden konnten.

3.1 Rache für die Unterstützung der ionischen Städte ...

Universaler Herrschaftsanspruch

Vergegenwärtigt man sich die Eroberungspolitik, die – beginnend mit Kyros – die persischen Herrscher in der zweiten Hälfte des 6. Jahrhunderts v. Chr. in alle Himmelsrichtungen betrieben, und betrachtet man auch das Bildprogramm an den Überresten der Aufgänge des Audienzsaales in Persepolis, so kann man in aller Unvoreingenommenheit einen der persischen Herrschertradition innewohnenden Machtanspruch konstatieren, der sich auf die ganze bekannte Welt, zumindest aber doch auf alle Länder, mit denen man in Berührung kam, bezog. Diesem Anspruch wäre auf kurz oder lang wohl auch ganz Griechenland – über die bislang bereits von den Persern eroberten Landstriche, Kolonien und diversen Poleis hinaus – ausgesetzt gewesen. So gesehen entzündete sich das ohnehin vorhandene Konfliktpotenzial durch die Beteiligung Athens und Eretrias am »Ioni-

schen Aufstand« nur schneller. Allerdings werden die Perser bei ihrem dann bald in Angriff genommenen Rachefeldzug speziell gegen diese beiden Stadtstaaten weniger damit gerechnet haben, dass sich auch andere griechische Poleis von ihrem Vordringen betroffen fühlten und sich zur Wehr setzten. Zum Teil war das immer weitere Poleis einbeziehende griechische Abwehrverhalten aber auch erst eine Folge der kommenden Ereignisse.

36 Die Völkerschaften beschenken den »König der Könige« mit den Produkten ihrer Länder. Oben die Reliefs der linken Hälfte des Osteingangs des Audienzsaales in Persepolis im heutigen Zustand, unten Rekonstruktionszeichnung der rechten Hälfte des Nordeingangs.

Direkt im Anschluss an den niedergeschlagenen »Ionischen Aufstand« gelang es den Persern unter der Führung des Mardonios, eines Schwiegersohns des Dareios, im Jahre 493 v. Chr. ihren Einflussbereich im Norden der Ägäis, also in Thrakien und bis nach Makedonien hinein, wiederherzustellen. Weitere Aktionen wurden zunächst auf »natürliche Weise« gestoppt. Durch einen verheerenden Seesturm zerschellten mehr als 300 Schiffe der persischen Flotte am Berg Athos mitsamt ihren Besatzungen; nach (wohl übertreibenden) antiken Quellen belief sich die Zahl der Opfer auf über 20 000. Es zeugt von den enormen Rekrutierungskapazitäten ihres Großreiches, dass die Perser bereits drei Jahre später wieder zur gezielten Strafexpedition gegen Athen und Eretria heranrückten. Bei ihrem Zug durch die Ägäis fielen der persischen Flotte fast alle Kykladeninseln mehr oder weniger kampflos in die Hände. Nach der Landung auf der Halbinsel Euboia wurden Eretrias Truppen nach nur sechs Tagen Belagerung geschlagen und die Stadt niedergebrannt, die Perser zogen weiter in die Ebene von Marathon. Der Fall Eretrias machte den Athenern bewusst, was auch ihnen drohte.

Die Schlacht von Marathon

In dieser Situation ergriff mit Miltiades ein Mann die Initiative, der durch die Rückgewinnung des persischen Machtbereiches in Thrakien drei Jahre zuvor seinen dortigen Besitz und Status verloren hatte. Er war nach Athen geflohen und jetzt zu einem der Strategen ernannt worden. Miltiades bewegte die Athener dazu, sich nicht abwartend vor den Persern in der Stadt zu verschanzen, sondern ihnen entgegen zu ziehen und ein weiteres Vordringen zu verhindern. Athens Truppenverbände konnten bei Marathon einen strategisch günstigen Platz besetzen. Die natürliche Verengung durch die Ausläufer des Pentelikongebirges gestattete es hier den Persern nicht, die auf eine breite Frontlinie angelegte Schlagkraft ihres Heeres zu entfalten.

Die Kontrahenten verharrten für mehrere Tage in ihrer jeweiligen Stellung, was für die Perser auch die Zeit knapper werden ließ. Denn sie wussten, dass zur Unterstützung der athenischen Truppen böotische Kontingente heranmarschierten und dass bald auch die religiöse »Sperrfrist« ablief, die den Spartanern während der Dauer eines gerade abgehaltenen kultischen Festes jegliche Militäraktion verbot. Beim schließlich von persischer Seite gestarteten Angriff zeigte sich, dass sie trotz ihrer hohen zahlenmäßigen Überlegenheit der attischen Hoplitenphalanx und den zwischenzeitlich eingetroffenen böotischen Truppen von Plataiai auf dem Terrain von Marathon nicht gewachsen waren.

Sie verloren die Schlacht, der größte Teil ihres Expeditionsheeres konnte sich jedoch auf den Schiffen der Flotte in Sicherheit bringen. Anschließend zogen sich die Perser – zumindest was die Bestrafung Athens anging – unverrichteter Dinge nach Kleinasien zurück. Für sie mochte es sich nur um eine Schlacht gehandelt haben, die sie am Rande der ihnen bekannten Welt verloren hatten, die Griechen dagegen – und speziell Athen – machten aus dem Sieg von Marathon weit mehr.

37 Miltiades führt die Athener in die Schlacht von Marathon. Farbdruck nach einer Zeichnung von Karl Bauer (1868–1942).

Vergleichen Sie Bauers Darstellung mit der Darstellung der Hoplitenphalanx auf der so genannten »Chigi-Kanne« (23). Welche Intention zeigt sich in dieser Art von Rezeption der Antike?

38 Die Bedeutung des Sieges bei Marathon

a) Die Schlacht bei Marathon beschreibt Herodot folgendermaßen:

Jetzt erst ordnete er [Miltiades] das Heer zur Schlacht und stellte es folgendermaßen auf. Den rechten Flügel befehligte der Polemarchos Kallimachos, damals war es nämlich bei den Athenern noch Sitte, dass der Polemarchos auf dem rechten Flügel[1] stand. Dann folgten die Phylen, nach ihrer festgesetzten Reihenfolge geordnet, und endlich schlossen auf dem linken Flügel die Plataier die Schlachtreihe ab. [...] Die so geordnete Schlachtreihe der Athener bei Marathon war ebenso lang wie die medische [= persische], doch war sie in der Mitte nur wenige Reihen tief, die Mitte war also am schwächsten; auf den beiden Flügeln standen die Truppen dichter. Als die Aufstellung vollendet war und das Opfer günstig ausfiel, stürmten die Athener auf das Zeichen zur Schlacht hin gegen die Barbaren vor. Die Entfernung zwischen den Heeren betrug nicht weniger als acht Stadien [1 Stadion = ca. 185 m]. Die Perser sahen die Athener im Laufschritt nahen und rüsteten sich, sie zu empfangen. Sie hielten es für ein ganz tolles selbstmörderisches Beginnen, als sie die kleine Schar heranstürmen sahen, die weder durch Reiterei noch durch Bogenschützen gedeckt wurde. Aber während die Barbaren solche Gedanken hegten, kamen schon die Haufen der Athener heran; der Kampf begann und sie hielten sich wacker. Die Athener waren die ersten unter allen hellenischen Stämmen, soweit wir wissen, die den Feind im Laufschritt angriffen[2], sie waren auch die ersten, die dem Anblick medischer Kleidung und medisch gekleideter Krieger standhielten. Bis dahin fürchteten sich die Hellenen, wenn sie nur den Namen Meder hörten. Der Kampf bei Marathon währte lange. In der Mitte des Heeres siegten die Barbaren; dort stand der persische Stamm selber und der Stamm der Saken[3]. Dort blieben also die Barbaren Sieger, durchbrachen die Reihen der Feinde und verfolgten sie landeinwärts. Auf beiden Flügeln siegten jedoch die Athener und Plataier. Sie ließen ihre geschlagenen Gegner fliehen und wandten sich gemeinsam gegen die, welche die Mitte durchbrochen hatten. Auch hier siegten die Athener. Dann folgten sie den flüchtigen Persern und trieben sie unter Gemetzel an den Meeresstrand. Dort riefen sie nach Feuerbränden und griffen die Schiffe an. [...] Sieben Schiffe wurden von den Athenern erobert. [...] In dieser Schlacht bei Marathon fielen rund 6 400 Barbaren und 192 Athener. [...] Nach dem Vollmond kamen nun auch 2 000 Lakedaimonier in Athen an. Sie waren in solcher Eile marschiert, dass sie am dritten Tage nach dem Abmarsch aus Sparta auf attischem Boden standen. Trotzdem kamen sie zu spät zur Schlacht und wollten nun wenigstens die gefallenen Perser sehen. Sie gingen nach Marathon und besichtigten das Schlachtfeld. Unter Lobsprüchen auf die Athener und ihre Tat kehrten sie nach Hause zurück.

Herodot, Historien VI. 111–113, 115, 117, 120, übersetzt von A. Horneffer, Stuttgart 1971, S. 422 ff.

[1] Auf dem rechten Flügel hatte früher der König von Athen seinen Standort. Der Polemarchos, der zum Kollegium der neun Archonten gehörte, hatte also mit den militärischen Funktionen des Königs auch seinen Ehrenplatz übernommen.

[2] Herodot schildert hier den Angriff der in geschlossener Hopliten-Phalanx im Laufschritt vorrückenden Athener und Plataier. Diese Phalanx, eine Schlachtreihe, die in acht – zuweilen auch bis zu zwölf – Glieder gestaffelt war, bestand nach Herodot bei Marathon in der Mitte nur aus wenigen Gliedern, weil man einfach nicht so viele Soldaten zur Verfügung hatte. Hierdurch wurde vermieden, dass beide Flügel beim Vorrücken in der Mitte zusammendrängten und hierbei die einzelnen Glieder durcheinander kommen konnten. So war es möglich, dass die Phalanx in geschlossener Ordnung die feindliche Linie erreichen und durchstoßen konnte. Diese Form des Angriffs war bei Marathon so erfolgreich, weil die Perser hier nur über wenig Reiterei verfügten. Daher entschloss sich Xerxes später, besondere Schiffe für den Transport von Pferden bauen zu lassen, um seine aus berittenen Bogenschützen bestehende Reiterei gegen die griechische Hopliten-Phalanx besser einsetzen zu können.

[3] Bei den Persern hielt sich im Gegensatz zu den Griechen der Oberbefehlshaber immer in der Mitte der Schlachtreihe auf. Hier standen daher auch die persischen Leibgarden des Feldherrn und die gleichfalls als Elitetruppen geltenden sakischen Abteilungen.

b) Der Historiker Josef Wiesehöfer zur Bedeutung der Schlacht bei Marathon, 1999:
Die folgenden Jahre [nach der Niederschlagung des Ionischen Aufstandes] nutzten die Perser dazu, in den zurückgewonnenen Städten und Regionen politische Ordnungen unterschiedlichster Art zu etablieren, die für die Zukunft loyal zu sein versprachen, die städtischen Territorien neu zu vermessen, auf dieser Grundlage den Tribut neu zu bestimmen und Grenzstreitigkeiten zwischen den Poleis vorzubeugen sowie, nicht zuletzt, sich an Eretria und Athen für ihre Unterstützung (und im Falle Athens für den Vertragsbruch) [s. o. S. 45] zu rächen. Die persische Niederlage bei Marathon (490) am Schluss der Datis- und Artaphernes-Unternehmungen im Kykladenraum war das unrühmliche Ende einer ansonsten erfolgreichen Ägäisexpedition, sicher nicht der gescheiterte Auftakt eines persischen Versuches der Unterwerfung Griechenlands oder gar Europas. Entscheidender als der Rückschlag für die Perser waren, wie sich bald herausstellen sollte, die Auswirkungen des athenischen Sieges auf die Innenpolitik der Stadt (Ausschaltung der Tyrannen- und Perserfreunde) und die Entstehung einer athenischen politischen Identität.

Josef Wiesehöfer, Das frühe Persien, München 1999, S. 31.

c) Der Historiker Christian Meier zur Bedeutung von Marathon für Athen, 1993:
Erstmals hatte eine griechische Armee eine persische in offener Schlacht besiegt. Die Angst, den Truppen des östlichen Weltreichs unterlegen zu sein, war gebrochen. Die Phalanx der schwerbewaffneten Hopliten, jenes Instrument innergriechischer Kriege, gebildet aus einer überschaubaren Zahl gleichberechtigter Bürger, berechnet auf eine Art Turnierkrieg, in dem es auf den frontalen Zusammenstoß ankam, ohne viel Eingreifen von Reiterei und Leichtbewaffneten, hatte sich im Kampf mit dem sieggewohnten, auf großräumige Operationen eingestellten persischen Heer bewährt.

Man kann es pars pro toto nehmen: Was das Heer konnte, konnte von jetzt an auch die Polis; erstmals standen diese kleinen Gebilde von Gleich zu Gleich der kontinentalen Großmacht gegenüber. Es hatte nicht mal die Spartaner gebraucht. Die mußten sich mit der Besichtigung des Schlachtfeldes, auf die sie übrigens Wert legten, begnügen. Sie konnten die Athener nurmehr beglückwünschen. [...]

Und noch jahrzehntelang galten die Marathon-Kämpfer als die Verkörperung besten Athenertums: nicht nur tapfer, sondern auch rechtschaffen, genügsam, Bürger im wahren Sinne des Wortes. Ihr Sieg schien noch den bei Salamis zu überstrahlen. Er hatte nichts Technisches, war vielmehr im Nahkampf Mann gegen Mann erfochten, und zwar gemäß der alten Art. Mit den Seesiegen, den Schiffen verknüpfte sich der Gedanke an die Ruderer aus der untersten Schicht, an die Größe, aber auch an die Problematik des groß gewordenen Athen. Marathon hatte dagegen den Reiz des Anfangs. Und es war, so groß auch der persönliche Anteil des Miltiades am Erfolg gewesen ist, in weit höherem Maße als etwa Salamis das Werk aller Beteiligten.

Christian Meier, Athen – Ein Neubeginn der Weltgeschichte, Berlin 1993, S. 254 f.

d) Mann gegen Mann – Grieche und Perser im Schwertkampf. Rotfigurige athenische Schale 5. Jh. v. Chr.

e) Der Historiker Peter Funke über die Bedeutung von Marathon für Athen, 1999:
Den Athenern war zweifellos bewusst, dass mit dem Sieg bei Marathon die Auseinandersetzung mit den Persern noch lange nicht ausgestanden war. Gleichwohl stärkte der ungeahnte Erfolg nicht nur ihr Selbstbewusstsein und ihr Vertrauen in die eige-

ne Kraft, sondern brachte ihnen vor allem auch Ansehen in der griechischen Staatenwelt ein. Den Spartanern, die wegen eines religiösen Festes nicht früher hatten ausrücken können und erst kurz nach der Schlacht in Athen eingetroffen waren, präsentierten die Athener voll Stolz das Schlachtfeld, auf dem sie für ihre Gefallenen einen hoch aufragenden Grabhügel errichteten. In Delphi und Olympia verkündeten reiche Weihgaben aus Athen die Ruhmestat von Marathon, an die zu erinnern die Athener in der Folgezeit nicht müde wurden, um die Rechtmäßigkeit ihrer späteren Machtstellung durch den Verweis auf diese Rettung ganz Griechenlands vor den »Barbaren« zu unterstreichen. Die Perser dürften die Bedeutung ihrer Niederlage weitaus geringer eingeschätzt haben, zumal sie nicht nur ihre Einflusssphäre in Thrakien und Makedonien wahren konnten, sondern nun auch ihre Vormachtstellung auf die ägäische Inselwelt ausgedehnt hatten. Und es war eigentlich nur eine Frage der Zeit, wann sie erneut versuchen würden, sich auch das festländische Griechenland zu unterwerfen. Im Hochgefühl ihres Sieges trauten sich die Athener aber allem Anschein nach, solchen Machtambitionen entgegenzutreten.

Peter Funke, Athen in klassischer Zeit, München 1999, S. 34.

1. Arbeiten Sie aus Herodots Schilderung der Schlacht bei Marathon (38 a) heraus, mit welchen Mitteln er geschickt Partei nimmt, und erläutern Sie insbesondere, wie hier die Athener dargestellt werden.
2. Untersuchen Sie arbeitsteilig in Kleingruppen die drei Darstellungen der Historiker (38 b, c und e) daraufhin, worin sie jeweils die Bedeutung der Schlacht bei Marathon sowohl für die Perser als auch für Griechenland bzw. Athen sehen und wie sie dies begründen.
3. Vergleichen Sie die Stellungnahmen der Historiker untereinander und schließlich auch mit der Herodot-Quelle.

3.2 Xerxes und Themistokles – Vorbereitung des nächsten Feldzuges

Das Flottenbauprogramm des Themistokles

Der Sieg gegen die Perser bei Marathon hatte dem Selbstbewusstsein der Athener starken Auftrieb gegeben, sodass sie den Plan des Miltiades, des »Siegers von Marathon«, die westlichen Kykladeninseln zu erobern, aktiv unterstützten. Das Unternehmen scheiterte jedoch und Miltiades wurde im Jahre 489 v. Chr. wegen »Betrugs am Volk« der Prozess gemacht; die politische Bühne war frei für seine Gegner. Die folgenden Jahre standen vornehmlich im Zeichen innerpolitischer Auseinandersetzungen und Machtkämpfe. Verfassungsrechtliche Neuerungen wie der Ostrakismos – die Verbannung eines Mitbürgers durch das »Scherbengericht« – oder die Einsetzung der Archonten nicht mehr durch Wahl, sondern durch ein Losverfahren, oder auch die Stärkung der Stellung der Strategen, die alljährlich von der Volksversammlung gewählt und auch immer wieder gewählt werden durften, stellten die kleisthenische Ordnung genauso auf die Probe, wie sie gleichzeitig ihr demokratisches Potenzial ausreizten.
Betrieben wurden die verfassungsrechtlichen Änderungen vornehmlich von dem Aristokraten Themistokles, der ganz eigene strategische Ziele verfolgte. Für ihn war mit dem Sieg bei Marathon die »Persergefahr« keineswegs gebannt. Allerdings glaubte er nicht, dass man sich der Perser noch einmal unter so glücklichen Umständen wie bei Marathon mit einem herkömmlichen Landheer würde erwehren können. Er hielt die militärischen Erfolgsaussichten eines Seekrieges gegen die Perser für ungleich höher und plädierte für einen deutlichen Ausbau der

39 Themistokles – eine 1940 in Ostia gefundene Bildnisherme aus römischer Zeit. Das griechische Original wird vor 470 v. Chr. entstanden sein – dem Jahr, in dem sich Themistokles der Vollstreckung des gegen ihn wegen Hochverrats gefällten Todesurteils nur durch Flucht entziehen konnte.

bis dahin schwachen athenischen Flotte. Den massiven innerathenischen Widerstand gegen sein Rüstungsvorhaben konnte Themistokles erst brechen, nachdem er die Volksversammlung dazu gebracht hatte, seine politischen Gegner mittels Ostrakismos auf zehn Jahre zu verbannen. Den erreichten ungehinderten Handlungsspielraum nutzte er 493/492 v. Chr. in seiner Eigenschaft als Archon dazu, den Bau einer Kriegsflotte von 200 Schiffen zu veranlassen; gleichzeitig ließ er den Ausbau des Piräus als neuen Hafen vorantreiben. Finanziert wurde die Umsetzung des Rüstungsprogramms mithilfe der Einnahmen aus den kurz zuvor neu erschlossenen Silberminen von Laureion in Südattika. Bei der Mehrzahl der anschließend gebauten Schiffe handelte es sich um so genannte Trieren – kleine, schnelle und wendige Schiffe (37 m lang und 5,5 m breit), die am Bug jeweils mit einem bronzenen Rammsporn versehen waren, um die gegnerischen Schiffe leck zu schlagen und zu versenken. Ihr reibungsloser und erfolgreicher Einsatz in Seeschlachten setzte eine ausgefeilte Technik und ein perfektes Aufeinander-eingespielt-Sein der Ruderer und damit ein intensives »Mannschaftstraining« voraus.
Die Ruderer wurden überwiegend aus der 4. Bevölkerungsklasse, den Theten, rekrutiert. Daraus ergaben sich auf Dauer weit reichende Folgen für die athenische Innenpolitik: In dem Maße, in dem Athen sich mit seiner neuen Flotte und ihrer allmählich unübertroffenen Kampfweise zur Seemacht entwickelte, in dem Maße wurden die Theten zu einem immer wichtigeren Machtfaktor innerhalb der Polis. Da sie nun einen vollen Wehrdienst leisteten, konnte man ihnen nicht weiterhin die vollen Bürgerrechte verwehren. An die neuen innenpolitischen Konflikte, die – rückschauend betrachtet – mit der Umsetzung des Rüstungsprogramms des Themistokles vorprogrammiert waren, dachte in Athen zunächst freilich noch niemand. Zunächst einmal musste sich erst erweisen, ob die neue Flotte wirklich eine schlagkräftige Waffe im Kampf gegen die Perser abgeben würde.

Xerxes' Rüstungen – Vorbereitungen für ein »marginales« Unternehmen?

Auf die persische Präsenz im Ägäis-Raum hatte die Niederlage von Marathon keine Auswirkungen. Ihre Stellung in Nordgriechenland hatten die Perser weitestgehend gehalten, vielmehr sogar ihren Einfluss auf die griechischen Inseln ausdehnen können. Dass dem – wie die späteren Ereignisse zeigen – nach wie vor vorhandenen persischen Expansionswillen auf griechischem Boden zunächst keine Taten folgten, hatte eher innenpolitische Gründe. Xerxes I., nach dem Tod seines Vaters Dareios (486 v. Chr.) neuer Großkönig, hatte vorerst mit Rebellionen in Ägypten und Babylonien zu kämpfen. Aber es mag auch strategische Gründe gegeben haben, die Xerxes bewogen, nach deren Niederschlagung noch einige Jahre verstreichen zu lassen, bevor er gegen Griechenland zog. Diesmal wollte der persische König offensichtlich kein Risiko eingehen und alles akribisch vorbereiten, indem er aus sämtlichen Fehlern und Niederlagen der Vergangenheit seine Lehren zog. Nach der verheerenden Erfahrung des Verlustes der etwa 300 Schiffe am Athos-Gebirge im Jahre 493 v. Chr. ließ Xerxes einen Kanal anlegen – moderne archäologische Forschungen haben Spuren davon gefunden –, der es der Flotte ersparen sollte, die steile, schroffe Halbinsel umschiffen zu müssen. An den Dardanellen wurden Brücken gebaut, damit auch das Landheer leichter voran käme, und bis nach Makedonien hinein wurden Vorratsspeicher angelegt, um

die reibungslose Versorgung des riesigen Trosses zu gewährleisten. Überall im eigenen Lande fanden Aushebungen statt – ein weiteres Zeichen dafür, dass der bevorstehende Feldzug nicht einfach ein »marginales« Unternehmen (s. o. 3) darstellte, zumal es der Großkönig persönlich leitete.
Wenn Herodot von einer etwa 2,4 Millionen Mann starken persischen Streitmacht, Landheer und Flotte zusammengenommen, berichtet, so ist diese Zahl sicher weit übertrieben und soll gleichzeitig den in dieser Größenordnung vorher nie dagewesenen Aufwand veranschaulichen und von vornherein auch die Stärke des Feindes hervorheben, gegen den das »kleine« Griechenland sich schließlich erfolgreich zur Wehr setzen sollte. Man nimmt heute an, dass es sich in Wahrheit um etwa 60 000 bis 100 000 Fußsoldaten und etwa 600 bis 700 Schiffe gehandelt habe – immer noch eine überwältigende Übermacht im Vergleich zu den griechischen Truppen, die aus etwa 7000 Mann und etwa 370 Schiffen bestanden.

40 **»Leonidas an den Thermopylen«.** Ölgemälde (395 x 531 cm) von Jacques-Louis David, 1814. Links oben in der Zeichnung schlägt ein Soldat mit dem Schwertgriff die in Wirklichkeit erst im Nachhinein verfassten und von Schiller in die berühmte deutsche Version gebrachten Gedenkverse für die spartanischen Kämpfer an den Thermopylen in den Fels: »Wanderer, kommst du nach Sparta, so sage, du habest uns hier liegen gesehen, wie das Gesetz es befahl.«

Beschreiben Sie das Gemälde in seinen Einzelelementen und formulieren Sie zusammenfassend seine »Botschaft«. Welche Vorstellung von den Griechen wird hier gestaltet?

Schlacht bei den Thermopylen

Der Heereszug der Perser jedenfalls überquerte im Sommer 480 v. Chr. den Hellespont. Der persischen Aufforderung, sich kampflos zu unterwerfen, verweigerten sich insbesondere Athen und Sparta – obwohl auch die erste kultische Instanz der Griechen, das Orakel von Delphi, nichts Gutes prophezeite. Die beiden Poleis gewannen andere Städte dazu, sich am Abwehrkampf zu beteiligen – schon ein Jahr zuvor war der so genannte Hellenenbund zur Abwehr der Persergefahr, die Symmachie, gegründet worden (= Wehrgemeinschaft); zugleich sollten alle innergriechischen Fehden und Auseinandersetzungen vorerst ruhen. Die Grie-

41 Perserkriege – die Feldzüge 492–479 v. Chr.

chen setzten ihre Hoffnung auf die neue Flotte Athens. Themistokles arbeitete mit den spartanischen Ephoren einen Kriegsplan aus, der Spartaner Eurybiades erhielt den Oberbefehl über die griechische Flotte. Ziel war es zunächst, den Persern bei den Thermopylen, einem Engpass, den Weg durch Teiltruppen zu verstellen. Doch den persischen Verbänden gelang es – nach späterer griechischer Darstellung durch einen Verräter – den Engpass zu umgehen und das kleine griechische Heer von hinten anzugreifen. Die 300 Spartiaten und 700 Thespier unter der Führung des spartanischen Königs Leonidas wurden in der Schlacht bei den Thermopylen getötet. Ein Seegefecht bei Kap Artemision verlief für die Griechen ebenfalls ungünstig und endete mit dem Rückzug ihrer Flotte. Der militärischen Not gehorchend und um Schaden für sich selbst abzuwenden, traten die mittelgriechischen Poleis zu den Persern über. Damit stand Attika den Persern offen. Da es aussichtslos erschien, den persischen Vormarsch auf dem Landweg stoppen zu können, riet Themistokles zur Evakuierung der Bevölkerung Attikas. Zugleich konnte er Eurybiades dazu bewegen, die griechische Flotte bei der Insel Salamis zusammenzuziehen, um dort die Perser zum Seekampf zu stellen. In der Zwischenzeit zog das persische Heer plündernd und zerstörend durch Attika und ließ – späte Rache für die beim Ionischen Aufstand in Sardes zerstörten Heiligtümer – Athen in Flammen aufgehen.

Schlacht bei Salamis

Die Insel Salamis ist ein Athen vorgelagertes kleines Eiland, und Themistokles versprach sich von der Wendigkeit der griechischen Trieren einen entscheidenden Vorteil auf diesem engen Raum gegenüber den Großschiffen der persischen Flotte. Die militärische Taktik ging auf: Die Perser ließen sich auf eine Seeschlacht ein und erlitten eine schwere Niederlage, bei der ein großer Teil ihrer Flotte vernichtet wurde. Der Rest ihrer Flotte konnte sich nach Kleinasien zurückziehen und sammelte sich bei Samos. Xerxes selbst zog auf dem Landweg nach Sardes zurück, befahl aber dem Feldherrn Mardonios, mit dem Landheer in Griechenland zu bleiben. In Thessalien quartierte es sich für den Winter ein. Die Griechen hatten eine wichtige Schlacht gewonnen, aber entschieden war der Krieg noch nicht. Versuche, die griechische Symmachie zu spalten und Athen die Freigabe Attikas sowie politische Souveränität zu gewähren, scheiterten an der strikten Weigerung der Athener. Dies führte im Frühjahr 479 v. Chr. zu einem erneuten Plünderungs- und Zerstörungszug der Perser in Attika. Nachdem Athen seine Verbündeten zur Mobilisierung aller noch vorhandenen militärischen Reserven bewegen konnte, kam es bei Plataiai zur entscheidenden Niederlage des persischen Landheeres. Mit dem etwa zeitgleich errungenen Seesieg über den Rest der persischen Flotte bei Samos war die »Persergefahr« für Griechenland abgewendet.

42 Motivation

Xerxes' Motive zum Feldzug gegen Griechenland – in der Version Herodots:

So habe ich euch denn berufen, um euch darzulegen, was ich zu tun gedenke. Ich will eine Brücke über den Hellespontos schlagen und ein Heer durch Europa nach Hellas führen, um die Athener zu bestrafen für alles, was sie den Persern und meinem Vater angetan haben. Ihr habt gesehen, wie schon mein Vater Dareios zum Zuge gegen dieses Volk gerüstet hat. Aber er ist gestorben und konnte den Rachezug nicht mehr ins Werk setzen. Darum will ich nicht ruhen, bis ich für ihn und ganz Persien Rache geübt und Athen erobert und niedergebrannt habe, das den Streit mit mir und meinem Vater angefangen hat. Denn zuerst sind die Athener, gemeinsam mit unserem Untertan Aristagoras von Milet, nach Sardes gezogen und haben die heiligen Haine und Tempel in Brand gesteckt. Dann, als die Perser unter der Führung des Datis und Artaphernes in Attika an Land stiegen, so wisst ihr alle, wie übel sie ihnen mitgespielt haben. Und darum habe ich mir jetzt vorgenommen, gegen die Athener ins Feld zu ziehen, und glaube, dass dieser Zug uns noch einen weiteren Vorteil bringen wird: Wenn wir die Athener und deren Nachbarvölker, die das Land des Phrygers Pelops [= die Peloponnes] bewohnen, unterworfen haben, so dehnen wir das Persische Reich so weit aus, dass es mit dem Himmel zusammenstößt. Kein Nachbarland Persiens soll dann mehr die Sonne bescheinen, sondern alle Länder machen wir zu einem einzigen Reich und ziehen durch ganz Europa. Denn man sagt mir, dass keine Stadt und kein Volk auf Erden mehr den Kampf mit uns wagen kann, wenn einmal die, von denen ich sprach, aus dem Weg geräumt sind. So sollen alle, sei es verdient oder unverdient, unser Sklavenjoch tragen.

Herodot, Historien, übersetzt von A. Horneffer, Stuttgart 1971, S. 438 f.

1. Nennen Sie die Punkte, die Herodot den Xerxes hier als Gründe für seinen Griechenlandfeldzug anführen lässt.
2. Erläutern Sie, welche Wirkung Herodot, der ja Grieche ist, mit dieser Schilderung bei seinen Lesern bzw. Zuhörern erreichen will. Wie wird durch diese Darstellung indirekt Athen charakterisiert und welche Rolle fällt der Polis zu?
3. Wenn man berücksichtigt, wie der Feldzug ausgegangen ist, nämlich mit der Niederlage der Perser, wird ersichtlich, was Herodot hier stilistisch bzw. schriftstellerisch bereits anlegt im Hinblick auf seine athenische Perspektive. Wie verträgt sich das mit unserem Verständnis von Geschichtsschreibung?

43 Keine Versöhnung mit »Barbaren«

a) Herodot berichtet von den Reaktionen der Spartaner und der Athener auf das persische Friedensangebot durch den Unterhändler Alexandros:

Als Alexandros seine Rede beendet hatte, nahmen nunmehr die spartanischen Gesandten das Wort und sprachen: »Die Lakedaimonier [Spartaner] haben uns gesandt, um euch [die Athener] zu bitten, keine Untreue gegen Hellas zu begehen und die Vorschläge des Feindes nicht anzunehmen. Denn es wäre unredlich und keiner hellenischen Stadt würde es zur Ehre gereichen, am allerwenigsten aber euch. Und das aus vielen Gründen. Ihr wart es, die ganz gegen unseren Willen diesen Krieg herbeigeführt haben, und von Haus aus richtete sich der Kampf nur gegen euer Land, erst jetzt richtet er sich gegen ganz Hellas. Und wenn wir von alledem auch absehen: Dass gerade Athen die Knechtschaft der Hellenen verschulden soll, wäre ganz unerträglich, denn ihr wart es doch immer, schon in alter Zeit, die manchem die Freiheit erkämpft haben. Eure bedrängte Lage freilich bekümmert uns tief; zweier Ernten seid ihr schon beraubt worden [durch die persischen Verwüstungen Attikas] und habt seit langem euer Hab und Gut verloren. Dafür erbieten sich aber die Lakedaimonier und Bundesgenossen, eure Frauen und Familien, soweit sie im Kriege nichts nütze sind, zu unterhalten, solange noch der Krieg währt. Möge euch doch nicht Alexandros von Makedonien durch die versöhnliche Art, wie er den Antrag des Mardonios [persischer Feldherr] vorbringt, verführen! Er muss das ja tun: Er ist ein Tyrann und hilft einem anderen Tyrannen. Ihr aber müsst ihn zurückweisen, wenn anders ihr vernünftig seid; denn ihr wisst, dass es bei Barbaren nicht Treu und Glauben gibt.«

So sprachen die Gesandten. Darauf erteilten die Athener dem Alexandros folgende Antwort:

»Wir wissen selber, dass die persische Macht vielmal größer ist als die unsrige; es war nicht nötig, uns das vorzuhalten. Trotzdem werden wir um unsere Freiheit kämpfen, solange wir noch Kraft haben. Mache keinen Versuch, uns zur Versöhnung mit den Barbaren zu überreden, denn wir folgen dir hierin doch nicht. Sage Mardonios: Solange die Sonne ihre alte Bahn wandert, gibt es keine Versöhnung zwischen uns und Xerxes. Im Vertrauen auf den Beistand der Götter und Heroen, deren Häuser und Bilder er so gottlos verbrannt hat, werden wir ihm fest entgegentreten. Tritt nie wieder mit solchen Anträgen vor die Athener; verführe sie nicht wieder zu Schändlichkeiten, in der Meinung, ihnen zu dienen!« […]

Zu den spartanischen Gesandten aber sagten sie:

»Es ist menschlich, dass die Lakedaimonier fürchten, wir könnten uns mit dem Perserkönige verständigen; trotzdem solltet ihr euch eurer Furcht schämen, da ihr die Gesinnung Athens kennt. Nirgend in der Welt gibt es so viel Gold, nirgend ein so schönes fruchtbares Land, dass wir um dessentwillen persisch werden und Hellas in die Sklaverei bringen würden. Vieles und Großes verbietet uns das, selbst wenn wir es tun wollten; erstens und hauptsächlich die niedergebrannten und zerstörten Götterbilder und Tempel, für die wir blutigste Rache üben müssen, ehe wir uns mit dem Manne, der das getan hat, versöhnen können; ferner die Bluts- und Sprachgemeinschaft mit

b) Xerxes auf dem Thron, getragen von Vertretern der Völker seines Reiches, Relief einer Südtür im Hundert-Säulen-Saal des Palastes in Persepolis.

den anderen Hellenen, die Gemeinsamkeit der Heiligtümer, der Opferfeste und Lebensweise. Es stünde den Athenern schlecht an, wenn sie an dem allen Verrat üben wollten. Darum wisset, wenn ihr es bisher noch nicht gewusst habt: Solange noch ein Athener am Leben ist, gibt es keine Versöhnung zwischen uns und Xerxes.

Herodot, Historien VIII. 142–144, übersetzt von A. Horneffer, Stuttgart 1971, S. 580–582.

1. Beschreiben Sie die Situation unter besonderer Berücksichtigung der Argumentationen der Spartaner bzw. der Athener.
2. Stellen Sie die Punkte zusammen, die nach dieser Quelle die Hellenen einen, und vergleichen Sie mit den Aspekten bzw. Reaktionen, die hier unterschiedliche Überzeugungen der Spartaner und Athener zeigen.
3. Überlegen Sie, weshalb Herodot sich dieser Situation so ausführlich widmet. Nimmt er Partei? Welche Wirkung versucht er beim Leser zu erzielen und wie gelingt ihm dies?

44 Salamis – »ein Nadelöhr, durch das die Weltgeschichte musste«?

a) Der deutsche Historiker Christian Meier über die Bedeutung von Salamis, 1993:
Selten in der Geschichte, so könnte man feststellen, hat in einer Schlacht so viel auf dem Spiel gestanden. Die Enge von Salamis bildete gleichsam ein Nadelöhr, durch das die Weltgeschichte hindurch mußte, wenn ihr statt großer, monarchisch regierter Reiche jenes eigenartige, vom Osten her exotisch anmutende Volk eine entscheidende Rolle spielen sollte, das in lauter kleinen selbstständigen Städten, fast überall ohne Monarchen und vielfach schon bei weitgehender politischer Mitsprache breiter Schichten lebte. [...]

Allerdings ist kaum abzuschätzen, was bei einem Verlust der Schlacht und des Krieges durch die Griechen geschehen wäre. Modernes Geschichtsverständnis denkt ohnehin lieber in Prozessen. Es tut sich schwer damit, anzuerkennen, daß die Ereignisse stark genug sind, um große, breite Prozesse wie den der Ausbildung einer Kultur abzublocken.

Dies freilich sollte auch nicht behauptet werden. Natürlich wäre bei einem Verlust des Krieges die griechische Geschichte nicht zu Ende gewesen. Anaximander, Heraklit und der große Gelehrte Hekataios hatten ihre Philosophie und Wissenschaft schon zuvor in den kleinasiatischen Griechenstädten unter persischer Herrschaft betrieben. Und so hatten Kunst und Architektur unter ihr geblüht. Die Perser waren durchaus tolerant, vermochten auch, erweiterte Oligarchien hinzunehmen. Und die Städte im griechischen Westen, von Syrakus bis Marseille, wären gewiß von ihrer Herrschaft freigeblieben.

Die Frage ist nur, ob die griechische Kultur ohne den Sieg bei Salamis in jene Richtung sich fortgebildet hätte, die sie dann genommen hat. Ob es zur Demokratie gekommen wäre (was ohne Athens Seeherrschaft schwer denkbar ist), ob all die ungeheuerlichen Erschütterungen eingetreten wären, die Athen durch den inneren Umsturz und die alle herkömmlichen Horizonte sprengende äußere Erfolgsgeschichte erfuhr, anders gesagt: ob all die Herausforderungen sich eingestellt hätten, dank welcher etwa die Geschichtsschreibung entstand, auf welche hin vor allem Politik, Tragödie, Sophistik, klassische Kunst und Architektur zu dem wurden, was sie dann geworden sind; auf die schließlich Sokrates und die platonische Philosophie antworteten. Ob also all die Antriebe zu einer so erstaunlichen Rationalisierung entstanden wären, ob jene völlig neuen Notwendigkeiten und Dimensionen sich aufgetan hätten, die die griechische Kultur in der Folge bestimmten.

So wie die Dinge liefen, ist dies alles jedenfalls aufs stärkste von der Dynamik dieser Stadt bestimmt worden; von ihren so sehr sich überstürzenden Veränderungen, ihren Entdeckungen und Erfahrungen, ihren Erfolgen, Infragestellungen und Leiden; kurz: von all dem, was in ihr, von ihr und auf sie hin, allen Regeln der Geschichte spottend, im fünften Jahrhundert geschah. Es lief außerordentlich »ereignisnah«, das heißt in dichtester Beziehung zum Politischen, in dem sich damals alles Leben konzentrierte. Und eben damit erlangte die griechische Kultur nicht nur ein ganz neues Tempo, sondern auch die Chance, ihre Potenzen ganz anders, viel umfassender, viel ausgiebiger zu entwickeln. [...]

b) »Xerxes während der Schlacht bei Salamis«. Kolorierte Lithographie von R. Weibezahl, 1832.

Jedenfalls spricht vieles dafür, in dem, was in Athen und von ihm und auf es hin im fünften Jahrhundert geschah, nicht nur eine ganz neue Stufe, sondern auch einen neuen, keineswegs zwangsläufigen Anfang zu sehen. Wenn die Griechen das Römische Reich und die christliche Theologie, das Mittelalter wie die Neuzeit direkt und vor allem indirekt so ungemein nachhaltig beeinflussen konnten, so war dies insbesondere die Nachwirkung des Athens dieser Jahrzehnte. [...]

Da jedoch all das, was hätte – oder nicht hätte – sein können, ungewiß ist, empfiehlt es sich, solche Überlegungen im Hintergrund zu belassen. Sie sind nur notwendig, um das, was sich weiter vorn, dichter nämlich an den tatsächlichen Abläufen feststellen läßt, zu relativieren.

Mit der Einschränkung also des »so wie die Dinge liefen« wird sich feststellen lassen, daß bei Salamis der Sonderweg, den die Griechen längst eingeschlagen hatten, approbiert [bestätigt] wurde. Wo man sich in den östlichen Reichen auf Machtbildung großen Stils konzentriert hatte, hatten die Griechen in ihren kleinen, eher schwachen Städten vor allem besondere Formen des Lebens unter Gleichen herausgebildet. Hier nun erwies sich, daß sie nicht nur eine eigene Welt und nicht nur ein eigenes Selbstbewußtsein hatten, sondern daß sie sogar dem persischen Weltreich militärisch Paroli bieten konnten. [...]

Was an »westlicher« Art längst angelegt war, bildete sich in der Folge stark und entschieden aus. Mit großen Spielräumen, in unerhörter Freiheit, selbst die Bedingungen des politischen Lebens zu gestalten; einer Freiheit, die – wie üblich – sowohl zum Guten wie zum Bösen genutzt werden konnte; und zwar je größer sie war, umso mehr. [...] Kurz: Ost und West waren jetzt und fortan nicht mehr bloß verschiedene Himmelsrichtungen.

Christian Meier, Athen – Ein Neubeginn der Weltgeschichte, Berlin 1993, S. 33ff.

1. Erläutern Sie, worin für Meier die weltgeschichtliche Bedeutung der Schlacht bei Salamis liegt.
2. Meier wägt ab, was hätte passieren können, wenn die Schlacht für die Griechen verloren gegangen wäre. Zu welchen Überlegungen gelangt er? Diskutieren Sie, inwiefern solche Vermutungen für den Historiker hilfreich oder unzulässig sein können.
3. Im weiteren Verlauf des Textes stellt Meier die Frage, inwieweit der Ausgang der Schlacht bei Salamis weitgehend zufällig gewesen sei. »Geht so Weltgeschichte vor sich?« Diskutieren Sie.

3.3 Ausblick

Von der Defensive in die Offensive

Mit den Siegen der Griechen über die Perser bei Salamis und Plataiai waren die Auseinandersetzungen zwischen den griechischen Stadtstaaten und dem Perserreich nicht beendet. Doch ihre Stoßrichtung änderte sich. Seitdem die Griechen mit dem Ionischen Aufstand das Eingreifen des persischen Großkönigs herausgefordert hatten, war man auf griechischer Seite bisher in der Defensive gewesen. Die Griechen waren die Angegriffenen, die sich gegen den persischen Expansionsdrang zur Wehr setzen mussten. Seit 479 v. Chr. ging man von griechischer Seite nun selbst gegen das persische Großreich vor, wobei die militärischen Aktionen zunächst auf den ägäischen und kleinasiatischen Siedlungsraum der Griechen beschränkt blieben. 478 v. Chr. gelang durch den Sieg der griechischen Flotte unter dem Spartaner Pausanias die Befreiung der ionischen Städte. Noch im gleichen Jahr zog sich Sparta allerdings aus der weiteren Konfrontation mit den Persern zurück. Die Rolle der ersten Schutzmacht übernahm auf Bitten der Ionier daraufhin Athen, das in der Folgezeit zur beherrschenden Kraft in dem 477 v. Chr. gegründeten antipersischen Wehrbündnis, dem Attischen Seebund, aufstieg. Persische Versuche, die Oberhoheit über die ionischen Poleis zurückzugewinnen, führten in den folgenden Jahren zu fortwährenden militärischen Konflikten, in deren Verlauf die See- und Landstreitmächte des Attischen Seebundes unter dem Athener Kimon 467/466 v. Chr. einen Doppelsieg über Flotte und Heer der Perser am Eurymedon in Südkleinasien errangen. Athens Unterfangen, gegen die Perser über den bisherigen geografischen Rahmen hinaus vorzugehen, ging allerdings gründlich schief. Das in den Jahren 460–454 v. Chr. zur Unterstützung des Aufstandes gegen die persische Oberhoheit in Ägypten entsandte Expeditionsheer geriet nach mehreren Niederlagen in persische Gefangenschaft. Nach einem weiteren Seesieg der Griechen bei Zypern kam es zwischen Athen und den Persern zunächst zu einem Interessenausgleich. Der 449/448 v. Chr. geschlossene so genannte Kallias-Frieden beließ die griechischen Poleis Kleinasiens und Zyperns unter Gewährung von Autonomie im Persischen Reich, verbot im Gegenzug aber den Aufenthalt persischer Schiffe in der Ägäis und in der ionischen Küstenregion.

Innerhalb Griechenlands führte der mit seiner Rolle im Attischen Seebund einhergehende militärische und wirtschaftliche Aufstieg Athens zu Reibereien mit Sparta um die Vormachtstellung, die sich schließlich im Peloponnesischen Krieg entluden (431–404 v. Chr.). In diesem innergriechischen Konflikt unterstützte Persien den späteren Sieger Sparta. Auch in den sich anschließenden Auseinandersetzungen griechischer Poleis untereinander wechselte der persische Großkönig so geschickt die Fronten, dass am Ende des jahrelangen mittelmeerischen Machtkampfes das Perserreich als Sieger dastand. Mit dem vom Großkönig diktierten Königsfrieden zwischen Athen und Sparta (387 v. Chr.) fielen die ionischen Städte wieder unter persische Oberhoheit.

Erst gut 150 Jahre später beendete schließlich der Makedone Alexander die Herrschaft der Achaimeniden. Sein Vordringen in die Kerngebiete des Persischen Reiches stellte zwar insgesamt keine unmittelbare Gegenreaktion auf die persisch-griechischen Auseinandersetzungen des 5. Jahrhunderts v. Chr. da. Die vom Makedonenkönig angeordnete Niederbrennung der Reichshauptstadt Persepolis allerdings wurde bewusst als Racheakt für die Verwüstung der Akropolis zur Zeit der Perserkriege ausgegeben.

4. DIE VERARBEITUNG DER PERSERKRIEGE DURCH DIE NACHWELT

4.1 Herodot – »Vater der Geschichtsschreibung«

Die Perser bleiben präsent

Für die Griechen – und unter ihnen vor allem für die Athener, deren Polis nicht nur das Hauptziel der persischen Invasion gewesen war, sondern auch die Hauptlast bei der Abwehr der »Persergefahr« getragen hatte – bildeten die Perserkriege auch nach ihrer Beendigung (479 v. Chr.) noch eine wichtige historische Größe. In den folgenden Jahrzehnten versuchte man die große Gefahr, in der die griechischen Gemeinwesen durch die Perser geschwebt hatten, geistig zu bewältigen und dabei auch Erklärungen für den erstaunlichen Sieg der Griechen zu finden. Im Kontext der griechischen Tagespolitik wurde diese anschließende Verarbeitung bald auch propagandistisch für die eigenen Machtinteressen eingesetzt. Insbesondere Athen leitete aus seinen militärischen Leistungen, die es gegen die Perser erbracht hatte, bei der anschließenden Organisation gemeinsamer Abwehrmaßnahmen gegen künftige persische Übergriffe einen Führungsanspruch unter den griechischen Poleis ab. Da die Athener ihr Vormachtsstreben innerhalb des Attischen Seebundes äußerst rigoros umsetzten, handelten sie sich von anderen Poleis sogar den Vorwurf ein, ähnlich herrisch zu verfahren, wie es von den Persern bei einem Sieg zu befürchten gewesen wäre.

45 Herodotos von Halikarnassos
Porträtsäule aus dem 2. Jahrhundert n. Chr., die vermutlich auf ein Original aus dem 5. Jahrhundert v. Chr. zurückgeht.

Wenn auch mit einem athenfreundlichen Unterton geschrieben, so stellen die etwa 424 v. Chr. – also zur Zeit des Peloponnesischen Krieges – in Athen veröffentlichten »Historien« Herodots doch keine Propagandaschrift im innergriechischen Machtkampf dar. Ihrem Verfasser ging es um etwas anderes. Herodot wurde ca. 485 v. Chr. in der ionischen Polis Halikarnassos geboren, verließ seine Heimatgemeinde später aufgrund politischer Querelen und führte danach bis zu seinem Tod um 424 v. Chr. das Leben eines Forschungsreisenden »in Sachen Geschichte«. Die von ihm verfassten neun Bücher der »Historien« sind vollständig erhalten; für ihre Wirkung im europäischen Geistesleben wichtig wurde vor allem die lateinische Übersetzung (1452–1456) durch den italienischen Humanisten Lorenzo Valla.

Obwohl Herodot die Perserkriege nicht bewusst miterlebt hatte, standen sie bei ihm als »Nachgeborenem« im Zentrum des historischen Interesses. Dabei war er nicht nur überzeugt von der außerordentlichen historischen Bedeutung der Perserkriege selbst, sondern hielt ebenso die Erforschung ihrer Ursachen für bedeutsam. Und er schätzte beides als so wichtig ein, dass es zur Erinnerung für die Nachwelt bewahrt werden müsse. In der berühmten Formel *historíes apódexis*, die Herodot in seiner Einführung zu den »Historien« prägte, bringt dies das Nomen *apódexis* zum Ausdruck, was so viel wie »schriftlicher und mündlicher Vortrag« bedeutet. Berichten zufolge soll Herodot tatsächlich um 445 v. Chr. aus seinem

im Entstehen begriffenen Werk in Athen öffentlich vorgelesen haben und dafür mit einer ansehnlichen Summe entlohnt worden sein. Das neue methodische Verständnis seines Werkes bekundete Herodot mit dem Nomen *historíes*, womit er beanspruchte, »erforschtes« und »erkundetes« Wissen zu präsentieren. Herodot wollte damit herausstellen, dass er von den griechisch-persischen Konflikten und ihren Ursachen nicht einfach nach persönlichem Gutdünken und Kenntnisstand berichtete, sondern erst alles zusammengetragen und abgewogen habe, was an Quellen für sein Thema zur Verfügung stand. So zog er als Quellen die Erzählungen von Zeitzeugen, daneben Inschriften oder auch Sammlungen von Orakelsprüchen heran. Besonders wichtig aber waren die Berichte über Land und Leute, die er auf ausgedehnten Forschungsreisen sammelte, die er selbst in die in seinem Werk behandelten »Weltgegenden« unternahm. Herodot besuchte nicht nur die Schlachtfelder auf griechischem Boden, sondern erkundete auch weite Teile des Persischen Reiches, Ägyptens und des Schwarzmeergebietes vor Ort. Das neue methodische Bewusstsein Herodots zeigt sich darüber hinaus ebenfalls in dem Eingeständnis, dass es ihm trotz aller Sorgfalt nicht immer gelungen sei, den wahren Tatbestand ermittelt zu haben. Zudem setzte er sich mit seinen Quellen auch aus moderner Sicht durchaus kritisch auseinander – in vielen Fällen lässt seine Kritikfähigkeit allerdings zu wünschen übrig – und machte eigene Wertungen als solche kenntlich – was ihn wiederum nicht hinderte, allein durch die Darstellung häufig dennoch implizit zu werten. Und Herodot bemühte sich um Unparteilichkeit, sodass in den »Historien« auch die Handlungen und Einstellungen der Griechen immer wieder deutlich kritisiert werden.
In der abendländischen Geschichtsschreibung gelten die »Historien« denn auch als das Pionierwerk der »seriösen« Geschichtsschreibung, für das Herodot schon von Cicero (106–43 v. Chr.) als »*pater historiae*« (= Vater der Geschichtsschreibung) bezeichnet wurde. Bei aller Hochschätzung war Cicero allerdings von den »*innumerabiles fabulae*«, den unzähligen Geschichten, die Herodot in sein Werk eingeflochten hat, wenig angetan und schon Aristoteles hatte in ihm abwertend einen *mythologos*, einen Erzähler wundersamer Geschichten, gesehen. In der Tat zeigt sich Herodot, wo er in seinem Werk in einem gewissen Sinne »mythische« Geschichtsschreibung betrieb, noch ganz der Glaubenswelt seiner Zeit verhaftet. Für ihn wie für die Zeitgenossen war es keine Frage, dass alles menschliche Handeln von göttlichem Wirken, wenn auch nicht von direktem göttlichen Eingreifen, durchdrungen ist. Er glaubt an Götter, Orakel und Zeichen und ist religiös, stellt doch aber Einzelnes am Mythos infrage. Für sein Werk bedeutet dies, dass dem menschlichen Handeln durch das vorherbestimmte Schicksal und durch göttlichen Willen feste Grenzen gesetzt sind, deren Überschreitung bestraft wird.

Mythos *(griechisch: Rede; Gedanke; Begebenheit; Erdichtetes, Gerücht; Sage, Legende, Fabel) bezeichnet im konkreten Wortsinne die Erzählungen von Göttern und Heroen in vorgeschichtlicher Zeit. Darin steckt implizit auch eine mythologische Weltdeutung, also eine Weltsicht, in der das Wirken der Götter jederzeit und überall seinen Einfluss auf menschliches Handeln und Sein nimmt. So werden auch Phänomene der Natur mit dem Eingreifen der Götter gedeutet und erklärt. Im übertragenen Wortsinne bezeichnet ein mythisches Verständnis dann nicht mehr das direkte Eingreifen von göttlicher Seite, aber immer noch die an bestimmten Zeichen erkenntliche göttliche Einflussnahme sozusagen hinter oder über den Dingen. Folgerichtig wird auch in der Moderne noch das Wort Mythisierung im Sinne von Verklärung bestimmter Personen, Sachen oder Ereignisse verwendet, um ihnen symbolische Faszination zuzusprechen.*

46 Was macht Herodot zum Historiker?

a) Herodot über seine Aufgabe und Arbeitsweise als Geschichtsschreiber:

Herodotos von Halikarnassos gibt hier eine Darlegung seiner Forschungen, damit bei der Nachwelt nicht in Vergessenheit gerate, was unter Menschen einst geschehen ist; auch soll das Andenken an große und wunderbare Taten nicht erlöschen, die die Hellenen und die Barbaren [= Perser] getan haben, besonders aber soll man die Ursachen wissen, weshalb sie gegeneinander Kriege führten. [...]

Meine Pflicht [ist], alles, was ich höre, zu berichten, freilich nicht, alles Berichtete zu glauben. Dies gilt für mein ganzes Geschichtswerk.

Herodot, Historien I, Einführung u. VII.152, übers. von A. Horneffer, Stuttgart 1971, S. 1 u. 492.

b) Der deutsche Historiker Wolfgang Schuller über den Historiker Herodot, 1987:

Beginnen wir mit Herodot, und da zunächst ganz ebenerdig, nämlich mit dem materiellen Inhalt des Werkes [= »Historien«]. Das Generalthema des Buches sind die kriegerischen Auseinandersetzungen zwischen Griechen und Barbaren [= Perser], die in dem detailliert erzählten Xerxeszug der letzten drei Bände gipfeln. Dem gehen aber umfangreiche, nämlich doppelt so lange Partien voraus, in denen die Geschichte, die Kultur, die Sitten und Gebräuche der Lyder, der Meder, der Perser, Babyloniens, Ägyptens, der Skythen, Kyrenes, Libyens, Ioniens, schließlich die unmittelbare Vorgeschichte des großen Zuges erzählt werden. Eingebaut sind Episoden aus der griechischen Geschichte und zahllose Nebenberichte und Nebenbemerkungen zu zahllosen Gegenständen des sozialen, politischen, religiösen, künstlerischen Lebens der Vergangenheit. Also: Gegenstand sind politische und Kriegsgeschichte, Ethnografie, Geografie, Kulturgeschichte. Verwirrend ist das nur für den ungeduldigen Leser, der schnell und übersichtlich Informationen vermittelt haben will. In Wirklichkeit hat Herodot die Zügel seines Berichtes straff in der Hand. [...]

Chronologisch orientiert sich die Darstellung [des Herodot] an der Regierungszeit der Perserkönige von dem Dynastiegründer Kyros bis zu Xerxes, und die länder- und völkerkundlichen Partien betreffen jeweils die Länder und Völker, die im Verlauf der persischen Expansion mit Persien zu tun gehabt haben. [...] Nächst dem materiellen Inhalt haben wir damit ein zweites Charakteristikum des Werkes festgestellt: Die Erzählung ist nicht nur kein Konglomerat [Gemisch] unzusammenhängender Einzelheiten, sie ist unter einer bestimmten Fragestellung streng aufgebaut. Es ist die politisch-historische Frage, wie es zu den griechisch-persischen Auseinandersetzungen gekommen sei. Herodot hat also eine Auswahl getroffen, eine Auswahl aus dem ungegliederten Chaos der Sachverhalte. Schon allein die Tatsache einer solchen Auswahl unter dem Gesichtspunkt der Ursache verdient hervorgehoben zu werden, dann in einem weiteren Schritt die dabei maßgeblichen Prinzipien. Das Auswahlprinzip ist nämlich scharf und lässt vieles beiseite, insbesondere die Götterwelt. Herodot schreibt Menschengeschichte ohne direktes Eingreifen der Götter, und er unterscheidet auch zwischen der Geschichte der Menschen und der der Sage und ihrer Heroen. [...] Herodot wollte nur berichten, was man wissen konnte, d. h. sicher und überprüfbar wissen konnte. Dazu gehörte zum einen das, was zu sehen war, [...], und das bezog sich naturgemäß auf sächliche Gegebenheiten der Geografie, der Völkerkunde oder auch auf Kunstwerke. Zum anderen gehörte dazu der Zeugenbericht, [...], und wenn es nicht unmittelbare Zeugen gegenwärtiger oder jüngst vergangener Ereignisse waren, musste man sich auf Berichte von Berichten verlassen. Aber das ließ sich nun nicht unbegrenzt in die Vergangenheit zurückverfolgen – die Zuverlässigkeit nahm zu sehr ab. Daher ging Herodot nur zwei, höchstens drei Generationen zurück, wenn er Sachverhalte der Vergangenheit berichten wollte. Der geschichtlicher Forschung zugängliche Bereich war damit abgesteckt, und auch deshalb war der Mythos ausgeschlossen. Noch ein Weiteres folgt aber aus der Erwähnung der Methoden für Herodots Geschichtsverständnis. Geschichte in seinem Sinne, gegenwärtige und vergangene Sachverhalte, ist nicht etwas, das dem Belieben des sich Erinnernden und Berichtenden unterliegt. Es muss erforscht werden, d.h., es ist der Argumentation und der Kritik ausgesetzt und zugänglich; es handelt sich um Realitäten, um nachprüfbare Sachverhalte. Von Geschichte zu erzählen bedeutet von Wirklichkeiten zu berichten. [...] Bei aller Betonung der Wirklichkeits- und Menschengeschichte bleibt Herodots Geschichtsverständnis schließlich doch nicht in dem Sinne diesseitig, dass es als aufklärerisch-rationalistisch-areligiös zu bezeichnen wäre, im Gegenteil. In vielen Fällen bevorzugt er zwar zur Erklärung von Einzelheiten nüchtern-sachliche Faktoren; im Ganzen sieht er jedoch in der Geschichte das Walten der Götter wirksam, nur eben nicht im Sinne eines ständigen unmittelbaren Eingreifens. Herodots Auffassung vom Wirken des Göttlichen zeigt sich vielmehr darin, dass er zum einen ganz konkret an die Vertrauenswürdigkeit der Orakel glaubt (ihre Sprüche müssen nur richtig verstanden werden), vor allem aber in seinem Glauben an die letztendliche göttliche Gerechtigkeit, die, und sei es erst nach langer Zeit, keine menschliche Untat ungerächt lässt. [...]

Vor [Herodot] hat es, von den Griechen immer als Geschichtsbuch aufgefasst, nur die homerischen Epen gegeben; inhaltliche Aufzeichnungen annähernd historischen Inhalts – etwa Chronikartiges – nicht. [...] Herodot [hat] das, was er inhaltlich und auch methodisch vorgelegt hat, selber erst neu erschaffen. [...] Von ihm stammen die Prinzipien der Materialauswahl der strikten Menschengeschichte, und innerhalb ihrer Kultur-, politischen und Kriegsgeschichte; er hat Ordnung in das Chaos der Geschehnisse gebracht, indem er durch die Wahl des Gegenstandes ein Generalthema schuf, um das herum eine Geschichtsdarstellung komponiert werden konnte, die mit langem Atem auf ein Ziel hin gerichtet war; er hat daneben erkannt, dass auch dem einzelnen, nicht immer nur großen, Ereignis eigene historische Würde zukommt; ebenso, dass aus der Unsicherheit exakter Wahrheitsermittlung in der Vergangenheit die Konsequenz des Stehenlassens unterschiedlicher Versionen, und dass aus der Komplexheit geschichtlicher Situationen selbst die Konsequenz der abschattierten und relativierten Darstellung folgt; und er hat schließlich noch darüber hinaus der ganzen Unauflösbarkeit menschlichen Handelns dadurch Rechnung getragen, dass er es in seiner Gesamtheit dem göttlichen Willen unterstellte.

c) »Allegorie auf die Geschichte«. Fresko von Anton Raphael Mengs, 1772/73. Die personifizierte Geschichte schreibt auf, was der doppelköpfige Gott Janus ihr berichtet. Sie ist außerdem umringt von der personifizierten Zeit zu ihren Füßen, einem Genius, der Dokumente herbeibringt, und der über ihrem Kopf schwebenden Fama (= dem Gerücht) mit Posaune.

Wolfgang Schuller, Die griechische Geschichtsschreibung der klassischen Zeit (1987), in: Geschichtsbild und Geschichtsdenken im Altertum, hrsg. von José Miguel Alonso-Núñez, Darmstadt 1991, S. 90–112.

1. Formulieren Sie mit eigenen Worten, worin Herodot den Sinn von Geschichtsschreibung sieht.
   Diskutieren Sie auf dieser Grundlage, worin Sie selbst die Bedeutung und den Wert von Geschichtsschreibung und von Geschichtsunterricht sehen.
2. Listen Sie die einzelnen Faktoren auf, die Schuller bei seiner Würdigung des »Historikers« Herodot hervorhebt.
   Erläutern Sie, wo sie Unterschiede und/oder Parallelen zur Arbeitsweise moderner Historiker sehen.
3. Interpretieren Sie Mengs' »Allegorie auf die Geschichte«, indem Sie die Bedeutung der einzelnen Figuren klären und die Gesamtaussage der Darstellung herausarbeiten.
   Klären Sie, inwiefern in dieser allegorischen Darstellung Ihr eigenes Verständnis von Geschichte und Geschichtsschreibung zum bildlichen Ausdruck kommt.

47 »Übermenschliches« in der Geschichte

Der deutsche Historiker Walter F. Otto über den religiösen Hintergrund in Herodots Geschichtswerk, 1955:

Herodot […] steht noch in der geistigen Welt, da das Göttliche dem Menschen so nahe war und sein Dasein und Walten so überzeugend kund tat, dass keine zureichende Begründung historischer Ereignisse ohne Berücksichtigung dieses entscheidenden Faktors denkbar war. […]

Um der ältesten Geschichtsschreibung gerecht zu werden, müssen wir das Menschenbild verstehen, das für sie Gültigkeit hat. Sie sieht den Menschen nicht allein und auf sich selbst gestellt, nach Maßgabe des ihm eigenen Erkennens, Wollens und Vermögens, unter der Gunst oder Ungunst des Augenblicks, sein Schicksal sich schaffend; sie sieht das Gesamtgeschehen im Volke oder zwischen den Völkern nicht nur als notwendiges Ergebnis des Zusammenwirkens nachweisbarer Kräfte, Strebungen und Spannungen. Der Einzelmensch wie auch die Gesamtheit steht für ihr Wissen in einem höheren Zusammenhang, aus dem im letzten Grunde die entscheidenden Gedanken und Antriebe kommen, die der Mensch als seine eigenen erfährt und zu verantworten hat. So sorgfältig man auch die tatsächlich vorhandenen Kräfte, Motive und Umstände erforschen mag, je mehr man von ihnen in Erfahrung bringt, umso gewisser kommt man an den Punkt, wo das Übermenschliche und Göttliche eine Deutung anderer Art notwendig macht als die Tatsachenforschung fordert.

Diese Grundanschauung, und nicht nur der Mangel an Kritik, ist es, weshalb Herodot und die Älteren so vielen mythischen Geschichten Glauben schenken oder sie wenigstens einer ernsthaften Mitteilung für wert halten. […] Und wir dürfen […] nicht übersehen, dass das Moment der Einmaligkeit, das wir Zufall nennen, den entscheidenden Zufall in der Weltgeschichte, den kein Besonnener aus ihr wegräsonieren wird, in der dem Mythischen noch offenen Geschichtsschreibung mehr zu seinem Recht kommt als in der streng wissenschaftlichen.

So zeichnet sich die griechische Geschichtsschreibung vor der aller anderen Völker nicht nur dadurch aus, dass sie die Methode wissenschaftlicher Forschung und Darstellung zum ersten Mal erkannt und mit ihr Werke geschaffen hat, die für alle Folgezeit als Vorbilder dienen konnten. Das ist etwas allgemein Bekanntes.[…] Weniger beachtet aber ist das andere: dass bei den Griechen auch die noch im Mythos stehende Geschichtsschreibung eine Größe und Vollkommenheit erreicht hat, um derentwillen sie verdiente, nicht bloß, wie gewöhnlich geschieht, als Vorstufe der im eigentlichen Sinne wissenschaftlichen betrachtet, sondern dieser ebenbürtig an die Seite gestellt zu werden. Denn sie ist keine Dichtung und noch weniger Fabelei, sondern historische

Forschung […] und hat dennoch den Zusammenhang mit der vom Göttlichen berührten alten Welt nicht verloren. […]

Aber eines fehlt auch dieser mythischen Geschichtsschreibung. Sie knüpft zwar alles Sein und Geschehen an das Göttliche an, aber sie weiß nichts von einem Gesamtsinn des Geschehens. Sie blickt zurück auf den Ursprung, aber sie blickt nicht vorwärts. Sie weiß nichts von einer Idee, die sich in der Geschichte des Volkes (oder der Menschheit) verwirklichen soll.

Walter F. Otto, Einleitung zu Herodot, Historien; hrsg. von H.W. Haussig, übers. von A. Horneffer, Stuttgart 1971, S. XXVf.

1. Klären Sie, worin sich das nach Otto für die »älteste Geschichtsschreibung« noch gültige Menschenbild von dem Menschenbild »modernerer« Geschichtsschreibung unterscheidet und erläutern Sie, welche Auswirkungen sich aus diesem Unterschied für die Erklärung menschlicher Handlungen in der Geschichte ergeben.
2. Diskutieren Sie aus Ihrem historischen Wissen, ob und wo es Ihrer Ansicht nach einen »entscheidenden Zufall in der Weltgeschichte« gegeben hat. Begründen Sie Ihre Ansicht.
3. Otto hält es offensichtlich für einen Mangel der »mythischen« Geschichtsschreibung, dass sie keinen »Gesamtsinn des Geschehens« kannte (Z. 36–40). Hinterfragen Sie kritisch die Ansicht Ottos, »in der Geschichte des Volkes (oder der Menschheit)« verwirkliche sich eine »Idee«.

4.2 Der Sieg über Xerxes – ein Sieg der Freiheit?

48 Aischylos. Holzstich aus dem 19. Jahrhundert nach einer römischen Marmorkopfkopie, die auf ein Original aus der Mitte des 5. Jahrhunderts v. Chr. zurückgeht.

Bereits gut 50 Jahre vor Herodots historiografischer »Nachbehandlung« hatte der Athener Aischylos (525/524–456/455 v. Chr.), Mitkämpfer gegen die Perser bei Marathon und Salamis, 472 v. Chr. in seinem Drama »Die Perser« den Seesieg bei Salamis auf die Bühne gebracht. Und zwar nicht aus griechischer Sicht: Vielmehr behandelte er die persische Niederlage aus der Perspektive der am Königshof in Susa zurückgebliebenen Hofgesellschaft um Atossa, der Mutter des Xerxes, und den fürstlichen Ältestenrat, die – Schlimmes ahnend – auf Nachrichten vom Kriegsschauplatz warten. Noch vor dem Botenbericht von der persischen Niederlage wird in dem berühmten »Wahrtraum« der Königsmutter eine »natürliche« Erklärung für den Sieg der Griechen gegeben: Obwohl »Schwestern vom gleichen Stamm«, widerspricht es doch dem natürlichen Freiheitsdrang Hellas', sich wie ihre persische »Schwester« unter das Joch des Perserkönigs zwingen zu lassen, und sie zerreißt die Zügel, die Xerxes ihr anzulegen versucht. Der Geist des toten Dareios lässt dem später eine zweite, eher »übernatürliche« Erklärung folgen: Die Niederlage von Salamis geht demnach auf den persönlichen, jedes natürliche und menschliche Maß übersteigenden Fehltritt seines Sohnes Xerxes zurück, für den der bestraft wird. Gern gehört haben wird das athenische Theaterpublikum, dass Aischylos in seinem Drama besonders den Athenern bescheinigte, sie seien »keines Mannes Knechte, keinem untertan«. Ob es sich dabei um die erste uns bekannte nachträgliche Stilisierung der Perserkriege zu »Freiheitskämpfen« handelt oder um den Ausdruck eines schon vorher tatsächlich vorhandenen Bewusstseins, ist heute nicht mehr auszumachen. Die Athener jedenfalls nutzten die Behauptung, gerade sie hätten zum Erhalt der griechischen Freiheit am meisten beigetragen, später offenbar zur Rechtfertigung ihrer starken innergriechischen Machtstellung.

49 »Keines Mannes Knechte«

a) Atossas Traum; aus Aischylos' Drama »Die Perser«, 472 v. Chr.:
(Kurz bevor sich am Königshof die Nachricht von der persischen Niederlage bei Salamis verbreitet, berichtet Atossa, die Frau des verstorbenen Königs Dareios und Mutter des Xerxes, den Ältesten des Landes von ihren Träumen.)

b) Atossa und der Geist des Dareios. Szenenbild aus der »Perser«-Aufführung der Freien Volksbühne Berlin, 1991.

ATOSSA: Mit vielen Nachtgesichten immer geh ich um,
Seitdem mein Sohn das Heer gerüstet und
Ins Land der Ionier hinweggezogen,
Gewillt es zu zerstören. Aber keines sah
Ich je so deutlich wie das in der letzten Nacht.
Ich sag es dir. Mir schien, zwei Frauen, wohlgekleidet,
Die eine angetan mit persischem Gewand,
Die andere mit solchem nach der Dorer Art,
Kamen mir zu Gesicht: an Größe beide
Weit ausgezeichnet vor den Heutigen,
An Schönheit makellos, und Schwestern
Vom gleichen Stamm. – Als Vaterland
Bewohnten sie: die eine Hellas,
Das war ihr zugefallen durch das Los,
Die andere das Barbarenland.
Die beiden, wie mich deuchte, dass ichs sah,
Erhoben miteinander einen Streit. Jedoch
Mein Sohn, wie er's gewahrte, hielt sie nieder,
Besänftigte sie, und an seinen Wagen
Schirrte er sie beide an und legt den Gurt
Des Jochs um ihre Nacken. Und die eine,
Hoch wie ein Turm ob dieses Schmuckes auferbaut,
Hielt in den Zügeln leicht lenkbar den Mund;
Die andre bäumt und windet sich, reißt mit den Händen
In Stücke das Geschirr des Wagens und
Schleift ihn mit sich hinweg gewaltsam ohne Zügel
Und bricht das Joch mitten entzwei. –
Da stürzt mein Sohn, der Vater tritt hinzu,
Dareios, weheklagend über ihn, und wie
Ihn Xerxes sieht, zerreißt er das Gewand an seinem Leibe. –
Und dieses, sag ich, hab ich in der Nacht gesehn. […]
Dies sind die Schreckgesichte, die ich sehen musste,
Ihr aber hören solltet. Denn ihr wisst es gut:
Mein Sohn, geht es ihm glücklich aus, so steht
Er da als ein bewundernswerter Mann.
Geht es ihm aber übel aus, so schuldet er
Dem Volk nicht Rechenschaft: er bleibt, gerettet,
In gleicher Weise Herrscher dieses Landes. […]
– Doch dies möchte' ich wissen, Freunde,
Wo man sagt, dass auf der Erde dieses Athen gelegen sei.
ÄLTESTER: Fern zum Untergang des letzten Scheins des Herrschers Helios!
ATOSSA: Und doch trug mein Sohn Verlangen, zu erjagen diese Stadt?
ÄLTESTER: Würde doch das ganze Hellas dann dem König untertan!

ATOSSA: Steht an Kriegern ihnen solche Männerfülle zu Gebot?
ÄLTESTER: Nun, ein Heer, das viele Übel schon den Medern angetan!
ATOSSA: Und was überdies? Auch Reichtum hinreichend in Hof und Haus?
ÄLTESTER: Nur an Silber eine Quelle, ihres Bodens einziger Schatz.
ATOSSA: Fügt von Bogen abgeschnellte Schärfe sich in ihre Hand?
ÄLTESTER: Nein! Nur Lanzen für den Nahkampf und Bewaffnung mit dem Schild!
ATOSSA: Wer steht als Gebieter über ihnen und befiehlt dem Heer?
ÄLTESTER: Keines Mannes Knechte nennen sie sich, keinem untertan!

Zit. nach: Griechisches Theater. Aischylos – Sophokles – Aristophanes – Menander, deutsch von Wolfgang Schadewaldt, Frankfurt M./1964, S. 15 ff.

c) Die Befürchtungen der Ältesten; aus Aischylos' Drama »Die Perser«, 472 v. Chr. zum ersten Mal aufgeführt:
(Auf den Botenbericht über die Niederlage der persischen Flotte folgt ein Klagegesang der Ältesten, die in dem Stück als der Chor auftreten.)

CHOR: […] Nun erstöhnt die ganze Erde
Asiens, ausgeleert!
Xerxes
führte sie an!
Popoi!
Xerxes
hat sie vertan!
Totoi!
Xerxes
alles betrieb er sinnlos,
er und die Meeresschiffe! […]
Doch die Völker der Asischen Erde
Lassen sich nicht mehr lange
Nach persischer Satzung regieren.
Nicht zollen sie mehr die Tribute
Unter herrscherlichem Zwang,
Noch fallen sie nieder zur Erde,
Um sich befehligen zu lassen.
Denn, wahrlich! Die königliche, sie ist
Ganz vernichtet, die Kraft!
Und nicht mehr in Gewahrsam
Liegt die Zunge den Sterblichen.
Denn losgebunden ist das Volk,
Um frei zu reden,
Da gelöst ist
Das Joch der Macht. –

Zit. nach: Griechisches Theater. Aischylos – Sophokles – Aristophanes – Menander, deutsch von Wolfgang Schadewaldt, Frankfurt/M 1964, S. 32 f.

1. Überlegen Sie Gründe, weshalb Aischylos als Schauplatz seines Dramas nicht den Schlachtort bei Salamis selbst oder Athen nach der Schlacht – also eine griechische Perspektive –, sondern den persischen Königshof wählt.
2. Untersuchen Sie die Textauswahl darauf, wo dennoch griechische Sichtweise deutlich wird, und erläutern Sie die jeweiligen Textstellen.

50 Der Xerxeszug – Göttlicher Auftrag oder frevelhafter Übermut?

a) Der Geist des Dareios deutet die Niederlage seines Sohnes Xerxes; aus Aischylos' Drama »Die Perser«, 472 v. Chr.:
Nun liegt klar des Unheils Quelle allen Freunden aufgedeckt:
Hat mein Sohn doch unbesonnen dies vollbracht in Jugendtrotz
Dass den Hellespont, den heilgen, knechtgleich er durch Ketten zu
Bändgen hofft, im Strömen, ihn den Bosporus, des Gottes Strom;
Dass des Meersunds Lauf er störte und, mit Fesseln erzgeschweißt
Ihn umwindend, die gewaltige Straße schuf gewaltgem Heer!
Er – ein Mensch – die Götter alle glaubt' er voller Unverstand,
Selbst Poseidon zu beherrschen. Hielt nicht Krankheit die Vernunft
Meines Sohnes umstrickt? Ich fürchte, all mein Reichtum, Frucht und Lohn
Meiner Mühe, andern wird er, wer zuerst ihn greift, zum Raub.

Zit. nach: Aischylos, Tragödien und Fragmente, übers. u. hrsg. v. Oskar Werner, Hamburg 1966, S. 134.

c) Der Geist des Dareios. Szenenbild aus der »Perser«-Aufführung der Münchner Kammerspiele, 1961.

b) Xerxes begründet vor dem persischen Reichsrat seinen Feldzug gegen Griechenland – nach dem Bericht Herodots:

»Perser! Keine neuen Bräuche will ich einführen, sondern mich nach den überkommenen richten. Wie uns die Alten erzählen, haben wir Perser nie Frieden gehalten, seitdem die Oberhoheit von den Medern auf uns übergegangen ist und Kyros dem Astyages die Herrschaft entrissen hat. Die Gottheit will es so, und alles was wir unternehmen, gerät uns. Doch wozu soll ich euch von den Taten und Eroberungen des Kyros, des Kambyses und meines Vaters Dareios erzählen: Ihr kennt sie ja selber. Als ich nun den Thron bestiegen hatte, sann ich nach, wie ich es meinen Vorgängern gleichtun und dem Persischen Reiche ebenso viel Land hinzuerobern könnte wie sie. Und indem ich nachsann, fand ich den Weg, wie wir Ruhm und ein großes Land [Griechenland] gewinnen können, nicht kleiner und nicht schlechter, sondern noch fruchtreicher als unser jetziges Reich, und wie wir zugleich Rache für eine Beschimpfung nehmen können.[1]

[1] Herodot lässt hier Xerxes vor allem auf die Aktionen seitens Athens von der Verweigerung der Anerkennung persischer Oberhoheit (s. o. S. 45), der Beteiligung am Ionischen Aufstand (s. o. S. 49) sowie einschließlich der Schlacht bei Marathon (s. o. S. 56) anspielen. Es folgt dann die Deklaration des persischen Feldzugs als Rachezug gegen Athen (s. o. den Text 42).

d) Der persische Adelige Artabanos rät von einem vorschnellem Entschluss zum Feldzug ab, worauf Xerxes ungehalten reagiert – nach dem Bericht Herodots:

[Artabanos:] »Begib dich doch nicht mutwillig in [...] Gefahr! Nein, folge meinem Rat, entlass jetzt die Versammlung [den Reichsrat] und sag' uns später, nachdem du überlegt und deinen Entschluss gefasst hast, was du als das Beste erkannt hast. Denn den rechten Entschluss zu fassen, ist doch das Wichtigste im Leben. Wenn auch nachher Widerwärtigkeiten eintreten, war doch der Entschluss nicht weniger gut, er ist nur dem Schicksal erlegen. Dagegen dem, der einen schlechten Entschluss fasst, kann wohl, wenn das Schicksal es so fügt, ein Glücksfall begegnen, aber sein Entschluss war darum nicht weniger schlecht. Du siehst, wie der Blitzstrahl der Gottheit die höchsten Geschöpfe trifft, die sich prunkend erheben, während die kleinen den Neid der Gottheit nicht reizen. Du siehst, wie der Gott seine Blitze immer gegen die höchsten Häuser und die höchsten Bäume schleudert. Alles Große pflegt die Gottheit in den Staub zu werfen! Ebenso erliegt auch ein großes Heer einem kleinen, wenn die neidische Gottheit Schrecken im Heere verbreitet oder Blitze schleudert, sodass es elend zugrunde geht. Denn Gott duldet nicht, dass ein Wesen stolz ist, außer ihm selbst. Übereilung bewirkt stets, dass wir fehlgehen, woraus dann viel Unheil für uns zu entspringen pflegt.« [...]

So sprach Artabanos. Zornig erwiderte Xerxes:

»Artabanos! Meines Vaters Bruder bist du; das rettet dich vor der verdienten Strafe für deine törichten Worte. Aber weil du mutlos und ein Feigling bist, sollst du zur Schande nicht mit mir nach Hellas ziehen, sondern mit den Weibern zurückbleiben. Ich kann auch ohne dich alles, was ich gesagt habe, vollenden. Ich will nicht Abkomme meiner Ahnen heißen, [...], wenn ich die Athener nicht züchtige! Ich weiß ja, dass sie nicht Frieden halten, auch wenn wir es tun wollten, dass sie selber in unser Land

b) Herodot, Historien VII.8, übers. von A. Horneffer, Stuttgart 1971, S. 437 f.

kommen werden. Was geschehen ist, beweist es ja: Sie haben Sardes in Brand gesteckt und sind nach Asien herübergekommen. Keiner kann mehr zurück! Es gilt handeln oder dulden; entweder fällt unser ganzer Erdteil in die Hände der Hellenen oder ihr ganzer Erdteil in die Hände der Perser. Versöhnung ist nicht möglich. So ist es denn in der Ordnung, dass wir Rache nehmen für ihren Angriff!

Herodot, Historien VII. 10–11, übers. von A. Horneffer, Stuttgart 1971, S. 441 ff.

e) Xerxes lässt den Hellespont, die Meerenge zwischen Asien und Europa, züchtigen – nach dem Bericht Herodots:

Man schlug indessen eine Brücke über den Hellespontos, die Asien und Europa miteinander verband. [...] Als die Brücken fertig waren, kam ein gewaltiger Sturm, der das ganze Werk zerstörte und zunichte machte. Als Xerxes das hörte, ergrimmte er und befahl, den Hellespontos durch 300 Geißelhiebe zu züchtigen, auch ein Paar Fußfesseln ins Meer versenken. Ja, man berichtet, dass er auch Henkersknechte geschickt habe, um dem Hellespontos Brandmale aufzudrücken. Sicher ist nur so viel, dass er den Auftrag gegeben hat, den Hellespontos mit Ruten zu peitschen und die rohen gottlosen Worte zu sprechen: »Du bitteres Wasser! So züchtigt dich der Gebieter, weil du ihn gekränkt, der dich doch nie gekränkt hat. König Xerxes wird über dich hinweggehen, ob du nun willst oder nicht. Wie recht geschieht dir, dass kein Mensch dir Opfer bringt, dir schmutzigem, salzigem Strome!« So ließ er das Meer züchtigen, und den Aufsehern des Brückenbaus wurde der Kopf abgeschlagen.

Herodot, Historien VII.34, übers. von A. Horneffer, Stuttgart 1971, S. 451.

1. Arbeiten Sie für 50a heraus a) worin der Geist des Dareios den Grund für die persische Niederlage sieht, b) worauf er das Handeln seines Sohnes Xerxes zurückführt und c) wer bzw. was eigentlich für die Niederlage gesorgt hat.
2. Vergleichen Sie die beiden Herrscherbilder, die Aischylos mit Xerxes und Dareios in seinem Drama vorführt.
3. Analysieren Sie die Begründung, die Herodot Xerxes für seine Expansionspolitik geben lässt. (50b)
4. Vergleichen und bewerten Sie die Argumente, mit denen Artabanos von einem Feldzug abrät und Xerxes im Gegenzug einen solchen als unausweichlich hinstellt. (50d)
5. Der Herodot-Text (50e) wird in der Forschung oft als das Paradebeispiel für eine »mythische Geschichtsschreibung« angesehen. Erklären Sie diese Interpretation (47).

51 Naturräumliche Faktoren?

a) Kyros plädiert für persische Selbstbeschränkung – nach dem Bericht Herodots:

[Ratschlag von Vertretern des persischen Volkes an Kyros]: »Da Zeus [gemeint ist Ahuramazda] [...] den Persern die Herrschaft übergibt, unter den Persern aber dir, o Kyros – wohlan, so lass uns unser kleines und so raues Land verlassen und auswandern in ein schöneres. Viele Länder liegen vor unseren Augen, viele andere in der Ferne; wenn wir deren eines erobern, wird unser Ruhm und Ansehen noch wachsen. So ziemt es einem Herrenvolke! Wann sollte uns auch eine schönere Gelegenheit dazu winken als jetzt, wo wir Herren vieler Völker und des ganzen Asiens sind!«

Kyros fand diesen Rat nicht rühmenswert und meinte, sie sollten ihren Plan nur ausführen, sich aber darauf gefasst machen, dass sie aus Herren zu Knechten werden würden. Weichliche Länder pflegten weichliche Menschen zu erzeugen. Denn nie würde ein Land zugleich herrliche Früchte und kriegstüchtige Männer hervorbringen.

Das erkannten die Perser als richtig an und gingen davon; Kyros hatte sie überzeugt. Sie wollten lieber in einem mageren Land Herren als in einem üppigen Knechte sein.

Herodot, Historien IX.122, übers. von A. Horneffer, Stuttgart 1971, S. 632.

b) Der französische Aufklärer Charles Montesquieus in seiner Schrift »Vom Geist der Gesetze«, 1748:

Große Hitze entnervt Stärke und Mut des Menschen. In den kalten Zonen ist eine bestimmte Stärke des Körpers und Geistes zu finden und befähigt zu langwierigen, mühevollen, großen und gewagten Taten. [...] Daher braucht man nicht erstaunt zu sein, dass Feigheit aus den Völkern der heißen Zonen fast durchweg Sklaven machte und Mut den Völkern der kalten Zonen die Freiheit sicherte. [...]

In Asien bestanden zu allen Zeiten große Reiche, in Europa haben sie sich nie zu halten vermocht. Das uns bekannte Asien hat nämlich viel weitere Ebenen. Durch Meere wird es in viel größere Landstücke zerschnitten. [...] Die Staatsgewalt muss in Asien allzeit despotisch sein. Wäre die Knechtschaft dort nämlich nicht außerordentlich hart, so würde es alsbald zu einer Spaltung kommen, welche die Natur des Landes nicht zulässt.

Die natürliche Gespaltenheit Europas führte zur Ausbildung mehrerer Staaten von mittlerer Größe. Die Regierung nach Gesetzen ist in diesen keineswegs unverträglich mit der Erhaltung des Staates: Im Gegenteil, sie ist hier so vorteilhaft, dass dieser Staat ohne Gesetze dem Untergang geweiht wäre und schwächer als alle anderen würde. Dies eben hat eine geniale Eignung für die Freiheit ergeben, sodass es für eine fremde Macht sehr schwierig wird, jeden Teil zu unterwerfen und auszubeuten, es sei denn vermöge der Gesetze und der Handelsvorteile.

Charles Montesquieu, Vom Geist der Gesetze, Stuttgart 1965, S. 280f.

c) Der britische Philosoph David Hume über klimatische Einflüsse auf den Charakter eines Volkes, 1751:

In Hinsicht auf physische Ursachen neige ich dazu, ihre Wirkung [...] völlig zu bezweifeln, und ich denke auch nicht, dass die Menschen irgendetwas an ihrem Gemüt oder ihrem Geist der Luft, der Nahrung oder dem Klima verdanken. [...] Der menschliche Geist ist von Natur aus stark zur Nachahmung veranlagt, und eine Gruppe von Menschen kann auch nicht häufigen Umgang miteinander pflegen, ohne gleichartige Sitten zu entwickeln und einander ihre Laster ebenso wie ihre Tugenden zu vermitteln. [...]

Durchstreifen wir die ganze Welt oder wälzen wir die Annalen der Geschichte, so werden wir überall Zeichen einer Sympathie oder Ansteckung von Sitten und nichts von einem Einfluss der Luft oder des Klimas finden.

Es lässt sich beobachten, dass eine sehr weitreichende Regierung, die seit vielen Jahrhunderten etabliert ist, dem gesamten Reich einen nationalen Charakter verleiht und jedem Teil gleichartige Sitten vermittelt. [...]

In kleinen aneinander grenzenden Regionen haben die Menschen trotzdem verschiedene Charaktere und unterscheiden sich oft in ihren Sitten so stark wie die entferntesten Nationen. Athen und Theben waren nur eine kurze Tagesreise voneinander entfernt, obwohl die Athener ebenso bekannt waren für Erfindungsgeist, Bildung und Heiterkeit wie die Thebaner für Stumpfsinn, Ungeschliffenheit und ein phlegmatisches Gemüt.

David Hume, Politische und ökonomische Essays, Hamburg 1988, S. 156ff.

1. Erarbeiten Sie die Gesichtspunkte, die in den drei Texten für die Wesensart von Völkern als bestimmend angesehen werden.
2. Zeigen Sie auf, wie in den Texten 51a und b »klimatologische« Argumentation und Überlegenheitsdenken miteinander vermischt werden.
3. Setzen Sie sich mit den Faktoren auseinander, die nach David Hume den Charakter eines Volkes prägen (51c).

52 Die Funktionalisierung der Perserkriege

a) Herodot über die Leistung der Athener in den Perserkriegen:

Der Kriegszug des Königs [Xerxes] richtete sich dem Namen nach nur gegen Athen, in Wahrheit aber war es auf ganz Hellas abgesehen. Die Hellenen waren seit langem darüber unterrichtet, aber sie konnten sich nicht zu gemeinsamem Vorgehen einigen. Manche hatten dem Perserkönig Erde und Wasser gegeben [d.h. sich freiwillig unter seine Vorherrschaft begeben] und vertrauten darauf, dass sie von den Barbaren nichts Böses erdulden würden. Die anderen, die die Forderung zurückgewiesen hatten, schwebten in großer Furcht, denn ganz Hellas hatte nicht Schiffe genug, um den Angreifern entgegentreten zu können, und im Volke wollte man nichts vom Kriege wissen und stand ganz auf Seiten der Perser.

Ich muss daher offen meine Meinung sagen und darf die Wahrheit nicht verschweigen, so unangenehm sie den meisten hellenischen Städten klingen mag: Hätte auch Athen den Angreifer gefürchtet, hätten die Athener ihre Stadt verlassen oder hätten sie sich samt ihrer Stadt dem Xerxes ergeben, so hätte kein Hellene gewagt, dem König zur See entgegenzutreten. Und hätte Xerxes zur See keinen Gegner gefunden, so wären die Dinge zu Lande folgendermaßen gegangen. Die Peloponnesier konnten soviel Mauerzinnen, wie sie wollten, auf dem Isthmos errichten, die Lakedaimonier wären trotzdem von allen Bundesgenossen, Stadt um Stadt, im Stich gelassen worden, nicht aus freien Stücken, sondern aus Not, denn die persische Flotte hätte eine Stadt nach der anderen genommen. Und von allen verlassen wären sie dann den Heldentod gestorben. Vielleicht hätten sie sich auch mit Xerxes verständigt, nachdem sie den Abfall aller anderen hellenischen Städte gesehen. In beiden Fällen wäre jedenfalls Hellas unter das persische Joch gekommen; denn ich kann nicht einsehen, welchen Nutzen die Mauer über den Isthmos haben sollte, wenn der König das Meer beherrschte.

Daher ist es nur die reine Wahrheit, wenn man die Athener die Retter von Hellas nennt. Der Lauf der Dinge hing allein davon ab, wie die Athener entschieden. Dadurch, dass ihre Wahl auf die Erhaltung der hellenischen Freiheit fiel, weckten sie ganz Hellas zum Widerstand, soweit es nicht medisch gesinnt war, und ihnen ist nächst den Göttern die Zurückweisung des persischen Angriffs zu verdanken.

Herodot, Historien VII.138 bis 139, übers. von A. Horneffer, Stuttgart 1971, S. 484 f.

b) Thukydides über die Leistungen der Athener während der Perserkriege:

[Eine athenische Gesandtschaft weist kurz vor Ausbruch des Peloponnesischen Krieges die Spartaner auf die Verdienste Athens in den Perserkriegen hin:]

»Die ganz alten [Heroen-]Geschichten freilich, was soll man die erzählen, wo nicht der Augenschein der Zuhörer, sondern nur das Hörensagen zum Zeugnis dient? Vom Perserzug aber, und was ihr selbst mit angesehen habt, müssen wir reden, mag es auch etwas lästig sein, es immer wieder vorgehalten zu bekommen. War doch auch, als wir's vollbrachten, der Zweck des Wagnisses unser Bestes, wovon ihr in der Auswirkung euer Teil bekommen habt, wir aber den ganzen Ruhm, wenn er zum Besten dient, uns nicht rauben lassen. Wir reden aber davon nicht, um eure Nachsicht zu erbitten, vielmehr zu eurem Zeugnis und Nachweis, was für eine Stadt ihr, wenn ihr's nicht wohl bedenkt, zum Kampf herausfordern würdet.

Wir haben, so behaupten wir, in Marathon den Vorkampf gegen den Barbaren [den Perser] allein ausgefochten, und als er später wiederkam und wir unser Land zu schwach sahen ihn abzuwehren, haben wir die Schiffe bestiegen und mit dem gesamten Aufgebot die Seeschlacht von Salamis mitgeschlagen, was ihn daran hinderte, die Städte einzeln anzulaufen – zu wechselseitiger Hilfe hätten sie nicht die Macht gehabt

c) Thukydides. Porträtsäule, römische Kopie eines Originals aus dem 5. Jahrhundert v. Chr.

gegen so viele Schiffe – und so den Peloponnes zu verheeren. Den stärksten Beweis dafür hat er selbst gegeben: Nach der Niederlage zur See meinte er uns nicht mehr gewachsen zu sein und ging in Eile mit dem Großteil des Heeres zurück. Dies der Verlauf der Dinge, mit dem deutlichen Ergebnis, dass die Sache von Hellas zur See entschieden wurde. Daran haben wir nun mit drei Beiträgen das Beste getan: Von uns kam die größte Zahl von Schiffen, der klügste Feldherr und der entschlossenste Kampfgeist: auf die 400 Schiffe beinahe ein Drittel, Themistokles als Anführer, von dem der Gedanke stammte, in der Meerenge zu schlagen – das war ohne Zweifel die Rettung, und darum habt ihr ihn ja am allerhöchsten geehrt von allen Fremden, die je zu euch kamen; und Opfermut zeigten wir, den allerverwegensten, als uns zu Lande niemand half, alle anderen bis zu uns schon Sklaven waren und wir hochherzig unsre Stadt aufgaben, Hab und Gut fahren ließen und, statt nun so das Gesamt der noch übrigen Verbündeten preiszugeben oder versprengt ihnen nutzlos zu werden, unsere Schiffe bestiegen zu Kampf und Gefahr – ohne euch zu grollen, weil ihr uns vorher nicht beschützt hattet. So behaupten wir denn, euch nicht weniger Beistand geleistet als von euch empfangen zu haben. Denn ihr brachet zur Hilfe auf aus unzerstörten Städten und um sie weiterhin zu bewohnen, und erst als ihr Angst bekamet für euch selbst, nicht für uns (wenigstens haben wir, solange wir noch heil waren, nichts von euch gesehen); wir jedoch gingen von gar keiner Stadt mehr aus, und mit geringer Hoffnung für sie haben wir unter Gefahren euch zu unserm Teil retten helfen und uns selbst. Hätten wir uns aber vorher wie andere aus Angst um unser Land dem Perser angeschlossen oder, später, uns verloren gegeben und nicht mehr den Mut aufgebracht, zur See zu gehen, ihr hättet mit euren zu wenigen Schiffen die Seeschlacht nicht mehr zu schlagen brauchen, sondern in aller Ruhe wären ihm die Dinge gediehen, wie er sich's wünschte.

d) Der athenische Sieg in der Schlacht von Marathon. Rekonstruktion eines verschollenen Gemäldes des Polygnot nach antiken Beschreibungen, das um 460 v. Chr. in der wegen ihrer Malerei »bunte Halle« genannten »Stoa poikile« auf der Agora in Athen installiert wurde.

Hätten wir's da nicht verdient, Spartaner, um unseres damaligen Einsatzes und um unseres richtigen Urteils willen, bei den Hellenen wegen der Herrschaft, die wir ausüben, nicht so gar scheel angesehen zu sein? Fiel uns doch grade diese Macht auch ohne Gewaltsamkeit zu, da ihr keine Lust hattet, gegen den Rest der Barbaren im Feld auszuharren und die Verbündeten sich an uns anschlossen und selber baten, wir möchten die Führung übernehmen.

Thukydides, Geschichte des Peloponnesischen Krieges, Bd.1, I. 73–75, hrsg. u. übers. von Georg Peter Landmann, München 1973, S. 66 ff.

1. Vergleichen Sie die beiden Textquellen und arbeiten Sie heraus, worin sie jeweils das besondere Verdienst Athens sehen.
   Zeigen Sie Unterschiede und Gemeinsamkeiten in der Argumentation auf.
2. Beurteilen Sie Herodots Darstellung der Handlungsoptionen der anderen griechischen Städte. (52a)
3. Analysieren Sie, mit welcher Intention die Athener bei Thukydides auf ihre Verdienste während der Perserkriege hinweisen.
4. Diskutieren Sie die Berechtigung der indirekten Forderung der Athener, man dürfe sie wegen ihrer jetzigen Machtausübung aufgrund ihrer Verdienste in den Perserkriegen »nicht gar so scheel ansehen«. (52b)

4.3 Der Sieg über die Perser – Sieg der Hellenen über die Barbaren?

Neue Züge im Barbarenbild

Sowohl Aischylos' Bereitschaft, dem griechisch-persischen Konflikt auch die für den unterlegenen Gegner tragische Dimension abzugewinnen, als auch das Bemühen Herodots, ebenfalls der persischen Konfliktpartei durch eine möglichst ausgewogene Darstellung gerecht zu werden, muss man nach heutigem Kenntnisstand als Ausnahmeerscheinungen der nachträglichen Verarbeitung der Perserkriege werten. Später erschienen Plutarch (ca. 45 bis ca. 125 n. Chr.) Herodots Anerkennung und Wertung auch der persischen Sitten und Lebensart sogar so parteiisch, dass er ihn als *philobárbaros,* als barbarenfreundlich kritisierte.

In der griechischen Öffentlichkeit verdichtete sich gegen Ende des 5. und dann in der ersten Hälfte des 4. Jahrhunderts v. Chr. die Einstellung zu den Persern zu einem Feindbild, gegen dessen Rigorosität sich nur vereinzelt Gegenstimmen erhoben.

Tragender Bestandteil war dabei die Bezeichnung »Barbaren«, die bereits von Aischylos und Herodot für die Perser verwendet worden war, wenngleich nicht in abwertender Bedeutung (Aischylos hätte ansonsten kaum die Perser von sich selbst als »Barbaren« sprechen lassen können). Ursprünglich bezog sich der Begriff wohl relativ wertungsneutral auf (aus griechischer Sicht) fremdsprachige Gruppen und eingebürgert haben dürfte er sich erst durch die zunehmenden Kontakte mit anderen Völkerschaften im Zuge der griechischen Kolonisation. Mochte er bislang für alles Fremde, Exotische und Unverständliche gestanden haben, so wurde er jetzt als bevorzugte Bezeichnung für die Perser mit allen möglichen negativen Assoziationen aufgeladen, im Gegenzug der Begriff »Hellenen« positiv verstärkt.

Auch Herodot war von negativen Besetzungen des »Barbarischen« nicht frei, wenn er etwa Xerxes am Hellespont als unbeherrschten, jedes natürliche Maß verlierenden Gewaltherrscher oder als grausamen Feldherrn schilderte, der dem toten Leonidas den Kopf abschlagen und als Trophäe präsentieren ließ.

Medismos

Nach den Perserkriegen konnte es sich kein Grieche mehr leisten – was zuvor durchaus auch in Athen Mode gewesen war –, sich persisch zu kleiden oder einen übermäßig luxuriösen Lebensstil zu pflegen, ohne sich dem Vorwurf des Medismos (abgeleitet von der häufig verwendeten Bezeichnung »Meder« für Perser) auszusetzen, d.h. auf ungebührliche Art nach Sitte der Perser zu leben. Auf der politischen Ebene bedeutete der Vorwurf des Medismos die freiwillige Kollaboration mit den Persern – ein Vorwurf, der nicht frei von Scheinheiligkeit war, da einzelne Poleis im innergriechischen Machtkampf je nach Notlage Bündnisse mit dem persischen Großkönig eingingen oder sich von ihm finanziell unterstützen ließen.

53 Das fremde Exotische: Persischer Kamelreiter mit Tänzern. Darstellung auf einem rotfigurigen griechischen Henkelkrug.

Manche der den Persern unter dem Sammelbegriff »Barbaren« von den Griechen zugeschriebenen Verhaltensweisen und Charakteristika wirken widersprüchlich. So sagte man ihnen einerseits nach herrschsüchtig und brutal zu sein, auf der anderen Seite jedoch diagnostizierte man ein weichliches Verhalten und erhob den Vorwurf, sie stünden ganz unter dem Regiment ihrer Frauen. Im griechischen Wertungsschema zeigte sich in solchen Gegensätzlichkeiten jedoch nur der persische Verfallsprozess. Für den Philosophen Platon (427–348/47 v. Chr.) und den Schriftsteller Xenophon (430 bis ca. 355 v. Chr.) stellten die Achaimeniden bis zu Kyros ein mannhaftes und vorbildliches Herrschergeschlecht dar; danach jedoch habe ein sittlicher und kultureller Niedergang eingesetzt, der unweigerlich zum Untergang des persischen Großreiches geführt habe.

Wie immer man das griechische Freund-Feind-Schema und seine Implikationen angesichts der realen historischen Entwicklung in der ersten Hälfte des 4. Jahrhunderts v. Chr. – stetiger Machtverlust der griechischen Poleis durch die innergriechischen Auseinandersetzungen bei wachsender Präsenz der Perser im östlichen Mittelmeerbereich – psychologisch deuten mag, was erstaunt, ist die nachhaltige Wirkung des griechischen Deutungsmusters in Forschungskreisen bis in die jüngste Vergangenheit.

54 »Barbaren«

a) Der Altphilologe Julius Jüthner erstellte aus der griechischen Literatur des 5. Jahrhunderts v. Chr. folgendes »Barbarenbild«, 1923:

Die Summe dieser Nachrichten gibt Aufschluss darüber, was der Grieche in den Ausdruck *bárbaros* hineinlegte, und da ihm an dem Fremden vor allem das Andersartige, Abstoßende und Hässliche auffiel, füllte sich der Begriff mit einem Inhalt, der sich hauptsächlich aus verächtlichen Eigenschaften und den verschiedensten Gebrechen zusammensetzt, die daher in der Vorstellung bei weitem vorwiegen. Dem Barbaren mangelt die geistige Schulung, und er ist daher roh und ungebildet, abergläubisch, un-

Julius Jüthner, Hellenen und Barbaren. Aus der Geschichte des Nationalbewusstseins, Leipzig 1923, S. 8f.

geschickt, unverständig und dumm. In sozialer Hinsicht steht er weit unter dem Hellenen, ist unzivilisiert, im Verkehr ungastlich und menschenfeindlich, gesetzlos und daher selbst ein Knecht ohne Rechtsschutz. Dem entsprechen dann seine moralischen Eigenschaften. Er ist einerseits sklavisch und feige, anderseits leidenschaftlich, zügellos und in jeder Hinsicht übertrieben (z. B. auch in der Trauer), ferner verwegen, jähzornig, ja wahnsinnig, daher anderen gegenüber wild, rau, hart, grausam, gewalttätig, mordlustig, dann treulos, unzuverlässig und lügnerisch, desgleichen schwelgerisch, gefräßig, geldgierig, kurz in jeder Beziehung unmoralisch.

b) rechts: **Betrunkener Perser.** Darstellung auf einer rotfigurigen Schale.

c) Der Archäologe Paul Zanker über Kampf- und Feindbilder in der griechischen Polis, 1995:

Warum verwandeln sich dieselben »Barbaren« zu nichtswürdigen Unwesen, sobald sie als Feinde gesehen werden? Die Frage drängt sich umso mehr auf, als sich in der griechischen Kunst [...], zumindest in klassischer Zeit, völlig andere Bilder für Krieg, Kampf und Feind entwickelt hatte. Dort wurden Kriege und Schlachten nämlich fast ausschließlich in Gestalt von Einzelkämpfen dargestellt, bei denen sich zwei in Bewaffnung und Beherrschung der Kampfestechnik grundsätzlich gleichwertige Gegner gegenüberstehen. Sie kämpfen nach bestimmten Regeln und mit überaus schönen Bewegungen, selbst das Sterben wird entsprechend der Maxime vom schönen Tod für die Polis ästhetisch überhöht. [...]

Der frei geborene Grieche war Bürger mit Haut und Haar. Dazu gehörte ganz wesentlich seine Waffenfähigkeit. Er konnte seinen vollen Wert nirgendwo so umfassend und eindeutig erweisen wie im sportlichen Wettkampf bei den panhellenischen Spielen oder eben im »schönen« Kämpfen und Sterben. Nach Vorstellungen, die weit in die archaische Zeit zurückreichten und die homerischen Helden zum Modell hatten, zeigte sich auch die moralische Qualität eines Mannes vor allem an der Vollkommenheit und Leistungsfähigkeit seines Körpers. Diese Ideologie der *kalokagathia* (des Schönseins des Guten) prägt auch die Kunst. Deshalb werden die Krieger so oft nackt oder halbnackt dargestellt: Man soll wirklich sehen, dass die Kämpfer so schön und stark, und das heißt so rundherum vollkommen sind wie die Heroen Homers. Die Vorstellung vom heroischen Einzelkämpfer war eine von den tatsächlichen Kriegstechniken unabhängige Stereotype in den »Köpfen«. [...]

d) Zweikampf mit einem Perser – der Grieche männlich nackt, der Perser »weibisch« gewandet. Darstellung auf einer rotfigurigen Weinkanne.

Ein solcher »Held« braucht natürlich einen »Helden« zum Gegner, sonst könnte er seine körperlichen und sportlich kämpferischen Qualitäten nicht entfalten. Die Gleichwertigkeit der Gegner in der griechischen Kunst sagt deshalb kaum etwas über die tatsächliche Einschätzung der Feinde aus. In Wirklichkeit verachteten die Griechen den Barbaren und diskriminierten ihn als Sklaven auch im Bild, indem sie ihn mit hässlichen Zügen (wie stumpfe Nase, dicke Lippen, langes Glied) und unschönen Bewegungen und unanständigen Verhaltensweisen darstellten. Nur in den Kampfbildern ist dies wegen des angedeuteten Dilemmas äußerst selten.

Damit hängt wohl auch zusammen, dass seit den Perserkriegen Schlachten gegen Barbaren gern in Gestalt von Amazonenkämpfen dargestellt werden. Eine kämpfende Frau war nach griechischer Vorstellung die Perversion schlechthin.

Die wilden Amazonen kämpfen schön und diszipliniert wie Helden, aber sie sind eben Frauen mit »weichen« Körpern. Schon die Tatsache, dass sie Röcke tragen, muss beim griechischen Betrachter dieselben negativen Assoziationen hervorgerufen haben, wie man sie etwa mit den »weibischen« Persern verbunden hat.

Paul Zanker, »Der Barbar im Kopf«, in: Geschichtsbuch Oberstufe Bd. 1, Von der Antike bis zum Ende des 19. Jahrhunderts, Berlin 1995, S. 55f.

1. Umschreiben Sie mit eigenen Worten, was ein »Feindbild« ausmacht, und bestimmen Sie die Funktion von Feindbildern.
2. Interpretieren Sie, was Paul Zanker mit dem Titel seines Essays »Der Barbar im Kopf« ausdrücken will.
3. Verdeutlichen Sie, worin das von Zanker »angedeutete Dilemma« (Z. 36) besteht, und hinterfragen Sie, inwieweit dieses Dilemma durch eine Darstellungsweise wie auf der Weinkanne (54d) behoben wird.
4. Diskutieren Sie, ob und welche Feindbilder in unserer heutigen Gesellschaft eine Rolle spielen.
5. Setzen Sie sich kritisch mit der Stichhaltigkeit von Feindbildern auseinander.

55 »Feinde von Natur aus«?

Platon lässt Sokrates den Unterschied zwischen »Krieg« und »Fehde« erklären:
Mir scheinen nämlich, wie sie ja auch als zwei Wörter gesprochen werden, Krieg und Fehde, so auch zweierlei zu sein und sich auf zwei verschiedene Dinge zu beziehen; nämlich von diesen zweien ist das eine Befreundetes und Verwandtes, das andere Fremdes und Ausländisches. Für Feindschaft nun mit dem Befreundeten brauchen wir das Wort Fehde, mit dem Fremden aber Krieg. [...]

Ich behaupte [...], das hellenische Geschlecht sei sich selbst befreundet und verwandt, zu dem barbarischen aber verhalte es sich wie ein ausländisches und fremdes.

[...] Dass also Hellenen mit Barbaren und Barbaren mit Hellenen, wenn sie gegeneinander fechten, Krieg führen, wollen wir wohl sagen, und dass sie von Natur einander verfeindet sind und man diese Feindschaft Krieg nennen müsse; wenn aber Hellenen gegen Hellenen etwas dergleichen tun, dass sie von Natur einander Freund sind und dass in diesem Zustande Hellas nur krank ist und unter sich verfehdet und man diese Feindschaft eine Fehde nennen müsse.

Platon, Der Staat V, 470b–d, in: Platon, Werke in acht Bänden, Bd. 4, bearb. v. Dietrich Kurz, dt. Übersetzung v. Friedrich Schleiermacher, Darmstadt 1990 (2. Aufl.), S. 433ff.

1. Listen Sie die einzelnen Argumentationsschritte der Sokrates in den Mund gelegten »Beweisführung« auf und überprüfen Sie deren logische Folgerichtigkeit.
2. Analysieren Sie, inwiefern Sokrates' »Beweisführung« ein Feindbild aufweist, und setzen Sie sich kritisch mit seiner moralischen Bewertung von »Krieg« und »Fehde« auseinander.

56 Medismos

a) Thukydides berichtet von den Vorwürfen des Medismos, die in Sparta gegen Pausanias, den siegreichen Feldherrn von Plataiai, erhoben wurden:

[…] stieg sein [Pausanias'] Stolz noch viel höher; er konnte nicht mehr in der herkömmlichen Weise leben, sondern trug […] persische Tracht, umgab sich […] mit einer persischen und ägyptischen Leibwache, ließ sich persische Mahlzeiten auftischen und konnte seine Gesinnung nicht verbergen. […] Er erschwerte den Zugang zu sich und war so aufbrausend gegen alle ohne Unterschied, dass niemand ihm zu nahen wagte. […] [Pausanias wird in Sparta verhaftet und gegen ihn der Vorwurf erhoben,] dass er mit dem Barbaren verhandle. […] Einen offenkundigen Beweis hatten nun die Spartaner nicht, weder seine Feinde noch die gesamte Stadt, um darauf zuverlässig gestützt einen Mann zu strafen vom königlichen Geschlecht, der zurzeit gar noch im Amt war (denn er hatte die Vormundschaft über den noch jungen König Pleistarchos, seinen Vetter); aber viel Verdacht erweckte seine Selbstherrlichkeit und Nachahmung der Barbaren, als wolle er sich nicht ins Bestehende fügen; sie überprüften seine ganze Lebensweise, wo sie etwa abstach von Brauch und Herkommen, und namentlich, dass er auf den Dreifuß in Delphi, das Weihgeschenk der Hellenen aus der Perserbeute, selber von sich gut befunden hatte zu schreiben:

Fürst der Hellenen im Feld, da er Persiens Scharen vernichtet,
Stellt Pausanias dies Denkmal, Apollo, dir auf.

Diesen Zweizeiler hatten die Spartaner gleich damals von dem Dreifuß weggefeilt und dafür die Namen aller Städte aufgeschrieben, die zusammen den Barbaren geschlagen und das Weihgeschenk errichtet hatten. Als Unrecht wurde dies dem Pausanias schon damals [die Schlacht von Plataiai liegt ein Jahrzehnt zurück] angerechnet; nachdem er aber nun in dieser Lage war, erschien es noch viel mehr als Ausdruck schon seiner jetzigen Gesinnung.

b) Der Dreifuß von Delphi, das Weihgeschenk der Griechen an Apollon nach dem Sieg bei Plataiai mit der Weihinschrift des Pausanias in einer türkischen Handschrift. Das Ehrenmal wurde in konstantinischer Zeit aus Delphi entfernt und im Hippodrom von Konstantinopel aufgestellt und im Mittelalter in einen Brunnen verwandelt.

1. Listen Sie einzelne gegen Pausanias erhobene Vorwürfe auf und untersuchen Sie auf dem Hintergrund, dass es sich bei Pausanias um einen Spartaner handelt, welches eigentlichen »Vergehens« sich Pausanias in den Augen seiner spartanischen Mitbürger schuldig macht.
2. Informieren Sie sich über den weiteren Werdegang anderer erfolgreicher »Perserkämpfer« (Miltiades, Themistokles) und klären Sie, inwiefern sich im Fall des Pausanias ein allgemeines gesellschaftliches Problem innerhalb der griechischen Polisgemeinschaft zeigt.

57 »Intrigante Königinnen« und »verweichlichte Prinzen«?

a) Herodot berichtet, wie Atossa – angestiftet durch einen griechischen Arzt in königlichen Diensten – ihren Gatten Dareios zum Kriegszug gegen Hellas bewegt:

Da sprach Atossa, wie [der Arzt] sie geheißen, zu dem neben ihr ruhenden Dareios folgende Worte: »O König, du hast so große Macht und sitzest doch untätig da. Kein Volk, keine Herrschaft gewinnst du dem Persischen Reich hinzu. Ein Mann, der jung

56a) Thukydides, Geschichte des Peloponnesischen Krieges, Bd.1, I.130–132, hrsg. u. übers. von Georg Peter Landmann, München 1973, S.101 ff.

und Herr über viele Reichtümer ist, muss sich durch Taten hervortun. Das würde dir zweifachen Gewinn bringen. Die Perser würden erfahren, dass ein Mann sie beherrscht, und würden, weil der Krieg sie in Anspruch nimmt, keine Zeit haben, Ränke gegen dich zu schmieden. Jetzt, solange du noch jung bist, kannst du Großes vollbringen; denn, solange dein Leib wächst, wächst auch der Geist; altert jener, so altert auch dieser und wird unfähig zu allem Tun.«

[...] Dareios aber antwortete: »O Weib! Alles, was ich selber denke und plane, hast du ausgesprochen. Ich bin mit mir einig geworden, eine Brücke von unserem Festland nach dem anderen Festland zu schlagen und gegen die Skythen zu ziehen. In kurzem soll dies geschehen.«

Da sagte Atossa: »Nein, mit den Skythen solltest du nicht den Anfang machen. Sie sind ja dein, sobald du willst. Du solltest gegen Hellas ziehen! Man hat mir von den lakonischen, argeischen, attischen und korinthischen Frauen erzählt; die wünsche ich mir zu Dienerinnen!«

Herodot, Historien III.134, übers. von A. Horneffer, Stuttgart 4. Aufl. 1971, S. 239 f.

b) Platon lässt »den Athener« über die Erziehung am persischen Hof berichten:
So prophezeie ich also jetzt über Kyros, dass er im Übrigen zwar ein guter Feldherr war und seinen Staat liebte, dass er sich aber mit richtiger Erziehung überhaupt nicht befasst und der Verwaltung seines Hauswesens überhaupt keine Beachtung geschenkt hat. [...]

c) Ein Grieche entehrt einen Perser. Darstellung auf einer rotfigurigen attischen Weinkanne, 470/460 v. Chr. Die Herabwürdigung des Gegners fällt hier besonders drastisch aus: Mit der analen Penetration nahm man einem Mann seinen Männlichkeitsstatus.

Er scheint von Jugend an sein ganzes Leben hindurch im Felde gewesen zu sein, wobei er den Frauen seine Kinder zur Erziehung überließ. Diese aber erzogen sie so, als ob sie gleich von Kind an glücklich und bereits göttergleiche Wesen seien und nichts hierzu entbehren müssten; und indem sie verhinderten, dass ihnen, da sie ja vollkommen glücklich seien, irgendjemand auch nur in irgendeinem Punkt entgegentrat, und indem sie alle nötigten, das zu loben, was jene sagten oder taten, erzogen sie sie zu solchen Menschen. [...]

Ihr Vater [Kyros] aber erwarb ihnen Schafherden und Rinder und große Scharen von Menschen und von vielen anderen Gütern; er bemerkte aber dabei nicht, dass diejenigen, denen er das zu übergeben gedachte, nicht in der väterlichen Lebensweise erzogen wurden, der persischen nämlich, welche, da die Perser Hirten und Sprösslinge eines rauen Bodens waren, hart war und dazu geeignet, recht kräftige Hirten aus ihnen zu machen, die imstande wären, im Freien zu leben, auf Schlaf zu verzichten und, wenn nötig, zu Felde zu ziehen; sondern er sah darüber hinweg, dass seine Söhne eine durch das so genannte Glück verdorbene Erziehung, nämlich die medische, durch Frauen und Eunuchen erhielten, wodurch sie zu solchen Männern wurden, wie zu erwarten war, da sie eine Erziehung ohne Zucht genossen.

Platon, Gesetze III, 694c bis 695b, in: Platon, Werke in acht Bänden, Bd. 8.1, bearb. u. übers. v. Klaus Schöpsdau, Darmstadt 1990, S. 197 ff.

1. Benennen Sie die einzelnen Züge des Frauenbildes, das sich in den beiden Texten ausdrückt. Erklären Sie dessen Abfälligkeit aus Ihrem historischen Wissen über die Rolle der Frauen in den griechischen Poleis.
2. Vergleichen Sie das Bild der Atossa, das Herodot hier zeichnet, mit der Figur der Atossa bei Aischylos (49a). Wie unterscheiden sie sich?
3. Auch der historische Dareios unterscheidet sich in einem wesentlichen Punkt von der Bühnenfigur bei Aischylos: Dareios selbst hatte – wie ihn Herodot (57a) ankündigen lässt – bereits vor seinem Sohn eine Schiffsbrücke über den Hellespont bauen lassen (s. a. den Darstellungstext S. 10). Tauschen Sie sich darüber aus, inwiefern sich durch Aischylos' »dichterische Freiheit« für Sie der Aussagewert der Dareios-Klage (50a) verändert.

58 »Siegreicher kluger Gedanke«?

Der Altphilologe Wolfgang Schadewaldt deutet Aischylos' »Die Perser«, 1964:
Orient und Occident stoßen zum ersten Mal aufeinander in einem Ringen, das seither immer größere Verhältnisse angenommen hat und auch heute noch nicht beendet ist. Mit großer Klarheit sieht dabei der Dichter, dass in diesem Antagonismus zweier Welten zwei Arten »Mensch zu sein« gegeneinander stehen, und er umschreibt es mit verschiedenen Symbolen. Dort der Bogen, der aus sicherer Entfernung trifft, hier der Speer, mit dem in der Hand der Mann sich selber stellt und aussetzt. Dort ein unermessliches Reich, überschwängliche Pracht, Fülle des Goldes, hier eine karge Erde, ihr einziger Schatz ein Silberbergwerk, doch eben durch ihre Kargheit wird sie zur Mitstreiterin ihres Volkes. Dort eine erdrückende Machtentfaltung, manifestiert in den tönenden Namen der vielen Führer, hier der siegreiche kluge Gedanke, der Geist, das Denken. Dort Despotie, kniefällige Verehrung des Gottkönigs, hier – für die Perserkönigin unbegreifbar – eine Manneszucht, die sich keinem untertan weiß. In der Idee der Freiheit und dem auf sie gegründeten Menschentum gipfelt alles. Diese Freiheit ist das, was der Chor der persischen Würdenträger am Ende seiner großen Klage, [...], mit dem Untergang der königlichen Macht besorgt heraufkommen sieht.

Wolfgang Schadewaldt, Nachwort, in: Griechisches Theater. Aischylos – Sophokles – Aristophanes – Menander, deutsch von Wolfgang Schadewaldt, Frankfurt/M. 1964, S. 569.

Analysieren Sie, in welchen Punkten Schadewaldt den bereits von den alten Griechen aufgebrachten Kontrast Griechen–Perser aufgreift und ob er ihn sogar noch zuspitzt. Achten Sie dabei besonders auch auf die verwendeten sprachlichen Mittel.

59 Kompensation?

Der Altphilologe Albrecht Dihle über das griechische Selbstwertgefühl in der 1. Hälfte des 4. Jahrhunderts v. Chr, 1994:

Die Erschütterungen des Peloponnesischen Krieges und der nachfolgenden Jahrzehnte veränderten jedoch das Selbstbewusstsein der Griechen. Vor allem die neuerliche Eingliederung der Griechenstädte Kleinasiens in das Perserreich i. J. 387 und das ständig wachsende Gewicht der persischen Diplomatie in der innergriechischen Politik ließen ein antipersisches Ressentiment entstehen. [...] Ihm entsprach ein bis dahin unbekannter Hochmut der Griechen.

Man muss sich zur Erklärung diese Phänomens vor Augen führen, dass die politische Lage der griechischen Welt in einem krassen Missverhältnis zu ihrem wirtschaftlichen, wissenschaftlichen [...] Potenzial stand. Der Machtlosigkeit der zersplitterten griechischen Staatenwelt stand ein erstaunlicher Bevölkerungsüberschuss gegenüber. Dieser wiederum beruhte auf einer florierenden Wirtschaft, mancherlei wissenschaftlichen, organisatorischen und technischen Fortschritten – etwa in Kriegswesen, Landwirtschaft, Staatsverwaltung und Kreditwesen. Im Osten wie im Westen lernte man damals von den Griechen, wie man eine moderne Armee auszurüsten und zu führen, ein Territorium rationell zu verwalten oder ein Projekt zu finanzieren hatte. [...]

Während also griechisches Wissen und Können allenthalben die Welt zu verändern begann, versank die griechische Staatenwelt zunehmend in den Zustand der Machtlosigkeit. Einem durchaus berechtigten Stolz auf die zahlreichen, überall anerkannten und nachgeahmten Errungenschaften griechischer Zivilisation sprach die politische Wirklichkeit fortwährend Hohn. Eben darauf reagierte eine politische Publizistik, die zur Einheit unter den Griechen aufrief, zum gemeinsamen Krieg gegen den persischen Feind, zur Befreiung der Brüder in Milet und Ephesos. [...] Von der Notwendigkeit einer politischen Erneuerung der griechischen Welt waren eigentlich alle überzeugt, denn die Zustände entsprachen nicht dem Selbstgefühl der Griechen.

Auf diesem Boden wuchs das Gefühl, dass die Griechen von Natur aus den Barbaren überlegen seien. Es kompensierte das tiefe Missbehagen an den bestehenden Zuständen des politischen Lebens und ließ sich durch die Berufung auf die Großtaten der Vorfahren legitimieren.

Albrecht Dihle, Die Griechen und die Fremden, München 1994, S. 47 ff.

Setzen Sie sich (unter Berücksichtigung Ihrer Arbeitsergebnisse zu den Materialen (54) mit Dihles These auseinander, mit dem verstärkt bekundeten Überlegenheitsgefühl gegenüber den »Barbaren« hätten die Griechen in der ersten Hälfte des 4. Jahrhunderts v. Chr. das Gefühl realer Machtlosigkeit kompensiert. Diskutieren Sie darüber hinausgehend, inwiefern Feindbildern im Allgemeinen eine kompensatorische Komponente anhaftet.

60 Strukturelle Schwächen der Achaimenidenherrschaft

Der Historiker Alexander Demandt über die Gründe für den Zusammenbruch des Perserreiches, 2000:

Schwächend wirkte zum Ersten ein demografischer Faktor: die vergleichsweise geringe Zahl der eigentlichen Perser. Um den Kern eines Weltreiches zu bilden, waren sie zu wenige und wurden auch nicht mehr. Während Nichtgriechen durch Übernahme der griechischen Paideia [der griechischen Erziehung] sich in Griechen verwandelten, Nichtrömer durch Eintritt in den Bürgerverband juristisch und politisch zu Römern wurden, hat das Persertum niemals auf Nichtperser übergegriffen. [...] Den Persern fehlte der bei Griechen und Römern erkennbare kosmopolitische Ansatz, die expansive Identität. Ihre viel gerühmte religiöse Toleranz war, wie jede Toleranz, eine Form der Herablassung, weit entfernt von der polytheistischen Annahme einer Gleichwertigkeit aller Religionen. Die Perser blieben immer eine herrschende Minderheit. [...]

Eine weitere Rolle spielte die zivilisatorische Unterlegenheit der Perser. Nur militärisch waren sie führend. In Schrift und Sprache, Recht und Verwaltung, Baukunst und Technik waren Babylonier, Assyrer, Ägypter und Griechen weiter fortgeschritten. Insofern brachte die persische Herrschaft, anders als die der späteren Griechen über den Osten oder der Römer über den Westen, den Unterworfenenen keine zivilisatorischen Fortschritte. Ein dritter Schwachpunkt war das immer problematische Verhältnis zwischen der Zentrale und den Regionalmächten. Soweit sich der König der Könige überhaupt auf halbsouveräne Unterkönige stützen musste, haben seine Satrapen ihren Beamtenstatus regelmäßig in ein dynastisches Erbfürstentum umzuwandeln versucht. Diese durchgehende Feudalisierungstendenz lehrt, dass die Macht der Landesfürsten eher auf der Zustimmung von unten als auf der Gunst von oben beruhte. Mehrfach haben die Großkönige einen unbotmäßigen Satrapen abgesetzt und die Nachfolge niemand anderem als seinem Sohn anvertraut. Die schwache Verankerung der persischen Macht zeigt sich namentlich in den westlichen Gebieten, die ökonomisch und kulturell führend waren. Die Perser waren und blieben in den fruchtbarsten und wichtigsten Gebieten ihres Reiches Fremdherrscher: in Babylonien, Ägypten und Kleinasien zumal. Nicht zufällig ist hier immer wieder Widerstand ausgebrochen. Die Persis war ökonomisch schwach, die in den Schatzhäusern der Paläste ruhenden ungeheuren Mengen von Gold und Silber wurden nicht rechtzeitig zur Stützung des wankenden Reiches herangezogen, und die Rekrutierungsräume im persischen Osten lagen zu weit entfernt, um die [in Gestalt Alexanders heraufziehende] Gefahr aus dem Westen zu bannen.

Alexander Demandt, Das Perserreich, in: Das Verdämmern der Macht. Vom Untergang großer Reiche, hrsg. von Richard Lorenz, Frankfurt/M. 2000, S. 10–25, hier: S. 22f.

1. Fassen Sie in eigenen Worten die Faktoren zusammen, die Demandt für den Untergang des Achaimeniden-Reiches verantwortlich macht.
2. Die von Demandt aufgeführten Faktoren bilden strukturelle Schwächen, die auch von der großen Reichsreform Dareios I. nicht behoben werden konnten. Das Achaimeniden-Reich bestand aber dennoch gut 200 Jahre. Worauf müsste es dann also im Endeffekt zurückgeführt werden, dass es schließlich mit Dareios III. unterging?

4.4 Historische Wiederbelebungen

Der griechische Befreiungskampf im 19. Jahrhundert

2300 Jahre nach ihrem Ende brachen die Perserkriege erneut aus – so jedenfalls könnte man aus der politischen Rhetorik schließen, unter der die Griechen 1821 in einem großen Volksaufstand in der Peloponnes gegen die seit dem 14. Jahrhundert bestehende osmanische Herrschaft aufbegehrten. Der Aufstand löste in europäischen Bildungskreisen eine philhellenische Begeisterungswelle aus und in dem mehrjährigen von beiden Seiten mit großer Brutalität geführten Guerillakrieg unterstützte man die griechischen Unabhängigkeitskämpfer nicht nur mit Geldspenden und Waffenlieferungen, sondern an den Kämpfen beteiligten sich auch viele Freiwillige aus anderen europäischen Ländern. Anders als den beschworenen antiken Vorfahren gelang es den modernen Griechen allerdings nicht, ihren Freiheitskampf aus eigenen Kräften siegreich zu beenden. Erst als die Großmächte Russland, Großbritannien und Frankreich zugunsten der bedrängten Griechen in den Kampf eingriffen, musste sich der Sultan geschlagen geben

61 Zeitgenössisches Flugblatt zum griechischen Freiheitskampf von 1821 bis 1828 gegen die türkische Fremdherrschaft.

Nennen Sie die Einzelelemente der Flugblattdarstellung und erläutern Sie die politische und religiöse Symbolik.

und 1829 die griechische Unabhängigkeit anerkennen. Uneingeschränkt blieb diese freilich vorerst nicht. 1832 mussten sich die Griechen unter dem Druck der Interventionsmächte mit der Errichtung einer Monarchie unter dem Wittelsbacher Otto I. abfinden. In den folgenden Jahrzehnten richteten sich die griechischen Freiheitsbestrebungen nunmehr gegen dessen absolutistisches Regiment.

Für wie historisch fragwürdig man die Beschwörung des Kampfes der alten Griechen gegen die Perser in diesem – national immerhin nahe liegenden – Fall oder etwa auch im Fall der von deutschen Gebildeten während der napoleonischen Befreiungskriege geltend gemachten Parallelen halten mag, am fragwürdigsten dürfte die Heraufbeschwörung des von den Griechen in der Schlacht bei den Thermopylen gezeigten Kampfgeistes sein, die sich der »Reichsmarschall« Göring zur moralischen Ertüchtigung der deutschen Wehrmachtssoldaten während der Schlacht um Stalingrad leistete.

62 »Wir – die Nachkommen der ruhmreichen Völker von Hellas«

Aus der Unabhängigkeitserklärung der griechischen Nationalversammlung, 1822:
Wir, die Nachkommen der edlen und klugen Völker von Hellas, wir, die wir Zeitgenossen der aufgeklärten und zivilisierten Völker Europas sind, wir, die wir die Vorteile, die jene unter dem Schutz der unüberwindlichen Ägide des Rechts genießen, von Ferne beobachten, können um unserer Selbstachtung willen nicht länger das Joch der ottomanischen [osmanischen] Macht ertragen, die uns seit mehr als 400 Jahren bedrückt – einer Macht, die für Gründe taub ist und kein anderes Recht kennt als ihren eigenen Willen, die willkürlich befiehlt und anordnet. Aufgrund dieser fortdauernden Sklaverei haben wir beschlossen, zu den Waffen zu greifen, um uns und unser Land zu rächen für eine schreckensreiche, ihrer Natur nach frevlerische Tyrannis, für eine beispiellose Despotie, unvergleichbar jeder anderen Herrschaft.

Der Krieg, den wir gegen die Türken führen, ist nicht der einer Partei oder das Resultat einer Meuterei, er wird nicht geführt, um Vorteile für irgendeinen einzelnen Teil des griechischen Volkes zu gewinnen; es ist ein nationaler Krieg, ein heiliger Krieg, ein Krieg mit dem Ziel, die Rechte der persönlichen Freiheit, des Eigentums und der Ehre zurückzuerobern. […]

Wir bauen auf das Fundament unserer natürlichen Rechte […]; darum haben wir […] alle unsere isolierten Kräfte vereint und uns zu einem einzigen bewaffneten Körper formiert, fest entschlossen, unser Ziel zu erreichen, nämlich: uns selbst durch weise Gesetze zu regieren oder alle zusammen unterzugehen. Wir […] empfinden es als unwürdig, länger in einem Zustand der Sklaverei zu leben, der vernunftlosen Tieren angemessen ist, nicht aber denkenden Menschen.

H. Kohn, Von Machiavelli zu Nehru, Freiburg 1964, S. 117f.

Führen Sie auf, an welchen Stellen in der Unabhängigkeitserklärung bewusst Analogien zur historischen Situation der Perserkriege hergestellt werden.

63 Nationalsozialistische Vereinnahmung

a) Aus Görings Rundfunkappell an die Wehrmacht, 30. Januar 1943:

[Der Kampf um Stalingrad] wird der größte Heroenkampf unserer Geschichte bleiben. Was dort jetzt unsere Grenadiere, Pioniere, Artilleristen, Flakartilleristen und wer sonst in dieser Stadt ist, vom General bis zum letzten Mann, leisten, ist einmalig. [...]

Meine Soldaten, die meisten von euch werden von einem ähnlichen Beispiel der großen gewaltigen Geschichte Europas gehört haben. Wenn auch damals die Zahlen klein waren, so gibt es letzten Endes doch keinen Unterschied der Tat als solcher. Vor $2^1/_2$ Jahrtausenden stand in einem kleinen Engpass in Griechenland ein unendlich tapferer und kühner Mann mit dreihundert seiner Männer, stand Leonidas mit dreihundert Spartanern, aus einem Stamm, der wegen seiner Tapferkeit und Kühnheit bekannt war. Eine überwältigende Mehrheit griff diese kleine Schar immer wieder aufs neue an. Der Himmel verdunkelte von der Zahl der Pfeile, die abgeschossen wurden. Auch damals war es ein Ansturm von Horden, der sich hier am nordischen Menschen brach. Eine gewaltige Zahl von Kämpfern stand Xerxes zur Verfügung, aber die dreihundert Männer wichen und wankten nicht, sie kämpften und kämpften einen aussichtslosen Kampf, aussichtslos aber nicht in seiner Bedeutung. Schließlich fiel der letzte Mann. In diesem Engpass steht nun ein Satz: »Wanderer, kommst du nach Sparta, so berichte, du habest uns hier liegen sehen, wie das Gesetz es befahl!«

Berliner Ausgabe

Berliner Ausgabe

Berlin, Donnerstag, 4. Februar 1943

VÖLKISCHER BEOBACHTER

Kampfblatt der nationalsozialistischen Bewegung Großdeutschlands

Der Kampf der 6. Armee um Stalingrad zu Ende

Sie starben, damit Deutschland lebe

Getreu ihrem Fahneneid

Zweimal die Aufforderung zur Übergabe stolz abgelehnt

Die Helden der 6. Armee

Unser Schwur: Vergeltung!

b) Schlagzeile des »Völkischen Beobachters« nach der Niederlage bei Stalingrad.

Es waren dreihundert Männer, meine Kameraden, Jahrtausende sind vergangen, und heute gilt jener Kampf und jenes Opfer dort noch so heroisch, immer noch als Beispiel höchsten Soldatentums. Und es wird noch einmal in der Geschichte unserer Tage heißen: Kommst du nach Deutschland, so berichte, du habest uns in Stalingrad kämpfen sehen, wie das Gesetz, das Gesetz für die Sicherheit unseres Volkes es befohlen hat. Und dieses Gesetz trägt jeder von euch in seiner Brust. Das Gesetz, für Deutschland zu sterben, wenn das Leben Deutschlands diese Forderung an euch stellt. Das ist aber nicht nur Verpflichtung für unsere Soldaten. Dieses Heldentum, dieses Opfer ist verpflichtend für das ganze Volk.

Zit. nach: Joachim Wieder, Stalingrad und die Verantwortung des Soldaten, München 1962, S. 327f.

1. Zeigen Sie auf, wie Göring in seiner Rundfunkrede die angebliche Parallele zwischen der Schlacht bei den Thermopylen und der Schlacht um Stalingrad herstellt.
2. Untersuchen Sie die rhetorischen Mittel der Rede. Vielen überlebenden Soldaten kam diese Rede als »widerliche Beweihräucherung qualvollen Sterbens« vor; versuchen Sie zu erklären, warum.

5. DIE ERFINDUNG DES »KLASSISCHEN« GRIECHENLANDS

5.1 Die »klassischen« Griechen – aus deutscher Sicht

64 »Blick in Griechenlands Blüte«, Ölgemälde von W. Ahlborn nach K. F. Schinkel, 1836.

Beschreiben Sie das Ölbild in seinen Einzelelementen und arbeiten Sie die Gesamtaussage heraus.

Die Begeisterung für das alte Griechenland, die das Philhellenentum im Umfeld des griechischen Befreiungskampfes in den 20er-Jahren des 19. Jahrhunderts antrieb, war in Europa zu diesem Zeitpunkt nicht mehr neu. Besonders in Deutschland hatte sich in der 2. Hälfte des 18. Jahrhunderts in Bildungskreisen eine tiefe Verehrung für die antiken Griechen ausgebreitet, die sich phasenweise vor allem in den literarischen Werken zur Zeit der sogenannten »deutschen Klassik« (1786–1805) niederschlug. Für die davor liegenden Jahrhunderte kann nicht nur für Deutschland, sondern für ganz Europa von einem fundierteren Wissen um das antike Griechenland keine Rede sein, geschweige denn von Verehrung. Zwar gehörte es, zumal während der Renaissance, als Gegenstand klassisch-literarischer Bildung zum Allgemeingut, doch seine materielle Hinterlassenschaft entzog sich nach der osmanischen Eroberung (1450) der europäischen Kenntnis völlig. Und auch was man zuvor in Mittelalter und Renaissance zu antiker Skulptur, Malerei und Architektur äußerte, bezog sich ausschließlich auf die präsenten Monumente des antiken Roms. Das Interesse der Historiker scheint das alte Griechenland sogar schon seit dem Tod Alexanders (323 v. Chr.) nicht mehr erregt zu haben. Rein zufällig wurde man in Europa erst 1687 wieder auf die griechische Antike aufmerksam, als nämlich venezianische Truppen im Kampf mit den Türken – ohne zu wissen, was sie unter Feuer nahmen – den Parthenon in Schutt und Asche legten. Der im Nachhinein bedauerte »Volltreffer« wurde in Europa heftig diskutiert. Im 18. Jahrhundert machten Bildungshungrige neben Italien zunehmend auch Griechenland zum Ziel ihrer Bildungsreise und das Werk »The Antiquities of Athens« der beiden englischen Architekten Stuart und Revett löste dann 1761 geradezu einen europäischen Bildungsschub in Sachen antikes Griechenland aus.

In Deutschland sorgte Johann Joachim Winckelmann (1717–1768) mit seinen 1755 publizierten »Gedanken über die Nachahmung griechischer Werke« am nachhaltigsten für eine den Griechen entgegen gebrachte Antikenverehrung, die in Europa ihresgleichen suchte. Mittlerweile historisch längst widerlegt, beeinflusste Winckelmanns Griechenlandbild seiner Zeit alle Geistesgrößen, nicht zuletzt Goethe. In einer zweiten, 1764 veröffentlichten Schrift (»Geschichte der Kunst des Altertums«) verband Winckelmann seine Ansichten über die Kunst der Griechen ausdrücklich mit einer Hochschätzung der »griechischen Freiheit«. Die Freiheit des Bürgers in der Polis habe gleichzeitig das Blühen der Künste und der Wissenschaften begünstigt. Sie habe dem Bürger seinen Geist gezeigt, sein Dasein mit Freude erfüllt und ihn angespornt, sein Bestes zu geben. Zumindest angespornt durch Winckelmanns Gedanken wurde auch Wilhelm von Humboldt (1767–1835). Zu seiner Schulreform in Preußen gehörte die Aufnahme des Griechischunterrichts in den Fächerkanon des Gymnasiums. Sah sich die von Humboldt initiierte humanistische Bildung während der Restaurationszeit dem Vorwurf ausgesetzt, sie bewirke die Herausbildung einer liberalen Gesinnung, so musste sie sich nach der Durchsetzung der Industriellen Revolution auch in Deutschland die Kritik gefallen lassen, sie trage als von allen Nützlichkeitserwägungen freie Schulbildung nicht genügend zur praktischen Ausbildung des Nachwuchses für das sich mittlerweile als Industrienation begreifende Deutsche Reich bei. Kaiser Wilhelm II. höchstpersönlich plädierte denn auch auf der Schulreformkonferenz von 1890 für eine Reduzierung des altsprachlichen Unterrichts an den Gymnasien.

65 Johann Joachim Winckelmann – der Begründer der klassischen Archäologie. Gemälde von Anton Maron, 1768.

Unheilvoll strapaziert wurden die antiken Griechen in Deutschland schließlich von den Nationalsozialisten. Mit den angeblich griechischen Wurzeln der germanisch-nordischen Natur machte man in der nationalsozialistischen Rassenlehre insofern Ernst, als die Griechen, die zur Zeit der dorischen Wanderung um 1100 v. Chr. in Griechenland ansässig gewesen sein sollen, zu »Indo-Germanen« erklärt wurden und in einem zweiten »wissenschaftlichen« Beweisschritt der »arische Germane« zum direkten Nachfahren der antiken Griechen ausgerufen wurde. Die modernen Griechen fielen aus dieser Ahnenreihe offensichtlich heraus. 1941 wurde Griechenland von deutschen Truppen besetzt. Die deutsche Besatzungszeit sorgt gegenwärtig für erheblichen Konfliktstoff. Die griechische Regierung besteht auf Wiedergutmachungszahlungen für die während dieser Zeit von deutschen Soldaten verübten Gräueltaten.

Auf die ablehnende Haltung der Bundesregierung reagierte die griechische Seite mit der Drohung, alle deutschen Kulturinstitute in Athen zu pfänden. Dass damit auch ausgerechnet das Athener Goethe-Institut, dessen Namenspatron auf dem Höhepunkt der deutschen Griechenland-Begeisterung die Parole ausgab: »Jeder sei auf seine Art ein Grieche! Aber er sei's«, zum Zankapfel zwischen den beiden Nationen geworden ist, darf man wohl als Ironie der Geschichte bezeichnen.

66 Bildungslücke?

b) Bombardierung der Akropolis und Explosion des Parthenons 1687. Illustration aus Francesco Fanelli, »Atene Attica ...« (Venedig 1707)

a) Der deutsche Historiker Wolf Seidl beschreibt die Bombardierung des Parthenons am 28. September 1687, 1989:

Das Schweigen, in das Hellas versinkt, dauert mehr als 2000 Jahre. Am 28. September 1687 wird das Dunkel jäh erleuchtet. Ein venezianisches Expeditionskorps, dem 13 800 Deutsche angehörten – es stand unter dem Befehl des späteren Dogen Morosini – landete in Piräus, besetzte Athen und forderte die Akropolis zur Übergabe auf. Die Türken verweigerten die Kapitulation, darauf beschossen die venezianischen Truppen die Akropolis mit schweren Mörsern, eine Bombe durchschlug das Dach des Parthenon, die dort lagernden Pulvervorräte explodierten. Am Abend des denkwürdigen Tages schickte der befehlshabende Offizier, es ist der schwedische General Graf Königsmarck, folgende Depesche nach Hause:

»Unsere kutzwolakischen Batterien 1–4 nahmen heute Stadt unter anhaltendes Feuer. Nachmittags 4.30 Uhr gelang es dritter Batterie durch wohl gezielten Meisterschuss Pulvermagazin, genannt Parthenon, in die Luft zu sprengen. Zwanzig Säulen erwähnten Parthenons eingestürzt und ist derselbe hiermit als erledigt zu betrachten.“

Auch Morosini selbst scheint von der Bedeutung des Parthenons keine Ahnung gehabt zu haben. Er begeisterte sich nach der Übergabe der Akropolis an den noch unzerstörten Monumenten und wollte die Pferde des Phidias als Zeichen des Sieges nach Venedig schaffen. Bei dem Versuch, sie abzumontieren, stürzten sie in die Tiefe und zerfielen.

Die Zerstörung des Parthenons war also sozusagen die Folge einer Bildungslücke.

Wolf Seidl, Das Land der Griechen mit der Seele suchen ... Über das Griechenlandbild der deutschen Klassik, in: Europäischer Philhellenismus, hrsg. v. E. Konstantinou/U. Wiedenmann, Neuried 1989, S. 13–34, hier S. 18.

1. Diskutieren Sie: Was macht ein Kulturgut zu einem Kulturgut?
2. Frühe Christen, Kreuzfahrer und Türken nutzten den Parthenon jeweils im Sinne ihrer Religion. Bewerten Sie diese Einvernahme.

67 »Edle Einfalt und stille Größe«?

a) Aus Johann Joachim Winckelmanns »Gedanken über die Nachahmung der Griechischen Werke in der Malerei und Bildhauerkunst», 1755:

Die reinsten Quellen der Kunst sind geöffnet: Glücklich ist, wer sie findet und schmeckt. Diese Quellen suchen, heißt nach Athen reisen; und Dresden wird nunmehr Athen für Künstler. Der einzige Weg für uns groß, ja, wenn es möglich ist, unnachahmlich zu werden, ist die Nachahmung der Alten, und was jemand vom Homer gesagt, dass nur derjenige ihn bewundern lernt, der ihn wohl verstehen gelernt, gilt auch für die Kunstwerke der Alten, sonderlich Griechen. Man muss mit ihnen, wie mit seinem Freund, bekannt geworden sein, um den Laokoon ebenso unnachahmlich als den Homer zu finden. [...]

b) Die 1506 wiedergefundene »Laokoon-Gruppe«, Marmor, ca. 1. Jh. v. Chr.

Das allgemein vorzügliche Kennzeichen der griechischen Meisterstücke ist endlich eine edle Einfalt und eine stille Größe, sowohl in der Stellung als im Ausdruck. So wie die Tiefe des Meeres allezeit ruhig bleibt, die Oberfläche mag noch so wüten, eben so zeigt der Ausdruck in den Figuren der Griechen bei allen Leidenschaften eine große und gesetzte Seele.

Diese Seele schildert sich in dem Gesichte des Laokoons, und nicht in dem Gesichte allein, bei dem heftigsten Leiden. Der Schmerz, welcher sich in allen Muskeln und Sehnen des Körpers entdeckt, und den man ganz allein, ohne das Gesicht und andere Teile zu betrachten, an dem schmerzlich eingezogenen Unterleibe beinahe selbst zu empfinden glaubt; dieser Schmerz, sage ich, äußert sich sich dennoch mit keiner Wut in dem Gesichte und in der ganzen Stellung. Er erhebt kein schreckliches Geschrei [...]: Die Öffnung des Mundes gestattet es nicht; es ist vielmehr ein ängstliches und beklemmtes Seufzen. [...] Der Schmerz des Körpers und die Größe der Seele sind durch den ganzen Bau der Figur mit gleicher Stärke ausgeteilt und gleichsam abgewogen. Laokoon leidet [...]: Sein Elend geht uns an die Seele, aber wir wünschten, wie dieser große Mann, das Elend ertragen zu können.

Der Ausdruck einer so großen Seele geht weit über die Bildung der schönen Natur: Der Künstler musste die Stärke des Geistes in sich selbst fühlen, welche er seinem Marmor einprägte. Griechenland hatte Künstler und Weltweisen in einer Person. [...] Die Weisheit reichte der Kunst die Hand und blies den Figuren derselben mehr als gemeine Seelen ein. [...]

Die edle Einfalt und stille Größe der griechischen Statuen ist zugleich das wahre Kennzeichen der griechischen Schriften aus den besten Zeiten, der Schriften aus Sokrates' Schule.

Johann Joachim Winckelmann, Gedanken über die Nachahmung der griechischen Werke in der Malerei und Bildhauerkunst, Dresden 1756 (2. Aufl.), S. 2f u. 78ff.

c) Der deutsche Historiker Wolf Seidl zu Winckelmanns Griechenlandbild, 1989:

Dort also, im Museum [im Dresdner Antikenmuseum], unter römischen Kopien hellenistischer Werke und vor Gipsabgüssen römischer Kopien hellenistischer Werke, formt sich sein [Winckelmanns] Bild der Antike. [...]

Nun kann man vielleicht den archaischen oder frühklassischen Statuen edle Einfalt und stille Größe nachrühmen, die aber hat Winckelmann gar nicht gekannt. Er formulierte seine Thesen angesichts der Laokoongruppe, eines Spätwerks also, das wir als barock, virtuos, theaterhaft, kalt empfinden. Und aus den Schriften der Alten von Homer über Thukydides bis Platon herauszulesen, die Griechen seien selbst edel, einfältig, still und groß gewesen – dazu muss man schon fast mit Blindheit geschlagen sein. [...]

Weil die deutschen Klassiker keine einzige griechische Originalplastik aus der klassischen oder archaischen Zeit je gesehen hatten, sondern bestenfalls römische Kopi-

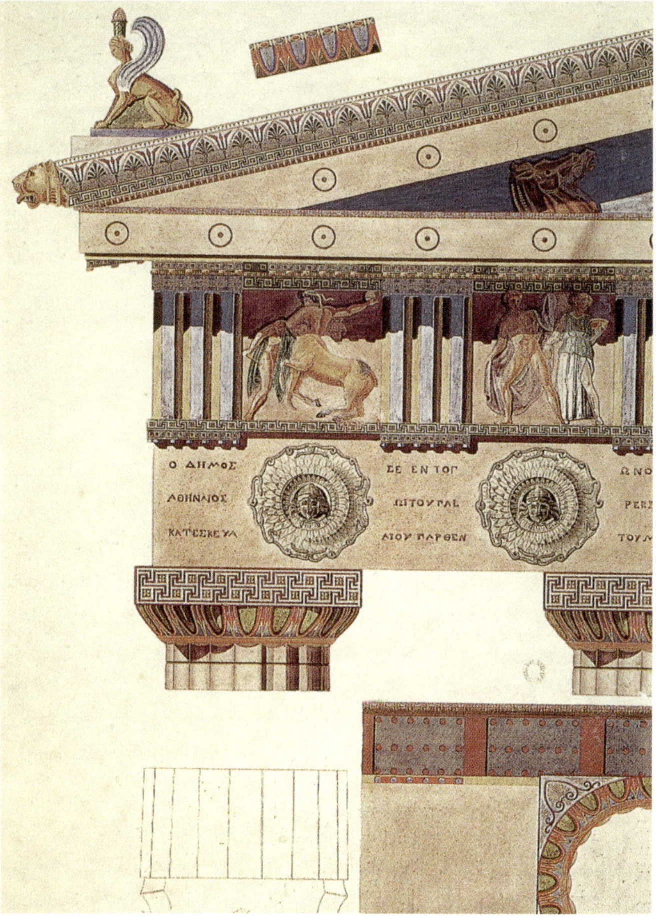

d) Rekonstruktion farbiger Schmuckelemente am Parthenon.

en, meist nur Gipsabgüsse, deshalb verkündeten sie den Kult des Weißen. In Wirklichkeit haben die Griechen ihre Tempel bunt bemalt, ihre Plastiken sorgfältig fleischfarben getönt; in die Bronzestatuen setzten sie für die Augen Edelsteine ein; Waffen und Schmuck waren aus Metall; ihre berühmtesten Kultbilder bestanden gar nicht aus Marmor, sondern aus goldüberzogenem Elfenbein.

Schon in der Kunst ist also von edler Einfalt und stiller Größe kaum die Rede, vom wirklichen Leben zu schweigen. Je orientalischer, bunter, lärmender man sich den griechischen Alltag vorstellt, desto näher kommt man der Wirklichkeit. [...]

Die Griechen waren nicht das weiseste Volk, nicht das beste, nicht das angenehmste. Aber sie waren das menschlichste Volk, das je gelebt hat, das künstlerischste, das phantasiereichste. Begabt mit einer unübertroffenen Sensibilität für das Schöne, mit unbändiger Lust am Gestalten, mit unendlicher *Sehnsucht* nach Harmonie. Nur wenn wir in die Abgründe der griechischen Seele blicken, können wir die Leistung ermessen, die es bedeutet, aus diesem Chaos einen Kosmos zu gestalten. Kosmos, dieses Schlüsselwort, das Welt bedeutet und zugleich Schmuck. Die schöne Welt eben, nicht die ordentliche, denn die haben erst die Römer erfunden.

Ist damit das Griechenlandbild der deutschen Klassik abgetan? Ja, soweit es sich um historische Richtigkeit handelt. Nein, insofen ein ahistorisches Ideal aufgestellt wird wie in Goethes Worten: »Das Höhere, das in uns liegt, will erweckt sein, wir wollen verehren und uns selbst verehrungswürdig fühlen.«

In Wahrheit ging es darum, ein Menschenbild zu formulieren, das von der historischen Wirklichkeit ganz unabhängig war – und eben deswegen auch historisch nicht zu widerlegen ist. [...]

Was aber bleibt, stiften eben die Dichter und nicht die Historiker und eine Utopie ist allemal wirklicher als die Wirklichkeit.

Wolf Seidl, Das Land der Griechen mit der Seele suchen ... Über das Griechenlandbild der deutschen Klassik, in: Europäischer Philhellenismus, hrsg. v. E. Konstantinou/U. Wiedenmann, Neuried 1989, S. 13–34, hier S. 23 ff. u. 32 f.

1. Arbeiten Sie heraus, worin Winckelmann die Voraussetzung zum Verständnis der antiken Welt sieht (67a).
2. Beschreiben Sie den Eindruck, den die Laokoon-Gruppe (67b) bei Ihnen hervorruft, und vergleichen Sie diesen mit den Eindrücken von Winckelmann und Seidl.
3. Betrachten Sie unter dem Stichwort »Kult des Weißen« nochmals Ahlborns »Blick in Griechenlands Größe« (65). Wie würde sich seine Wirkung ändern, wenn man die weißen Tempelpartien nach der Weise der Rekonstruktion (67d) bunt ausmalen würde?
4. Setzen Sie sich kritisch mit Seidls Griechenbild auseinander.

68 Polis und Preußen

a) Die US-amerikanische Historikerin Suzanne Marchand über liberal-nationalistische Weltsicht und Antikenverehrung zu Beginn des 19. Jahrhunderts, 2002:

Die athenische Polis stand im späten 18. Jahrhundert beispielhaft für die Art von Freiheit, nach der man verlangte, nämlich Freiheit von den Restriktionen des Ständestaates und von der Zensur durch die Kirchen, Freiheit der Kunst, der Dichtung und sogar der Philosophie, die nicht dem einzelnen Herrschaftswillen entsprach (wie in der Barockzeit), sondern vielmehr den Bedürfnissen der Menschheit als Ganzes. [...]

Politisch war Humboldt, wie man sagen muss, ein aufgeklärter Monarchist; er glaubte, dass die Macht des Staats begrenzt sein sollte und dass jedes Individuum die Gelegenheit haben sollte, seine Lage zu verbessern. Genauso aber glaubte und praktizierte er die Reform von oben. Wie viele andere Graecophile seiner Zeit sah er das antike Griechenland – eine Ansammlung von kleinen, aufgeklärten Stadtstaaten mit großartiger kultureller, wenn auch nicht politischer Macht – als ein Modell für Preußen an, das es nachzuahmen galt. Die »stille, ruhige Größe« der Griechen sollte der französierenden Oberflächlichkeit des einheimischen Adels wie auch der römisch-imperialistischen Hybris der französischen Revolutionsarmee Widerstand leisten. Dies war im Wesentlichen eine liberal-nationalistische Weltsicht, und zwar eine, die das Studium des Altertums während der 20er-Jahre des 19. Jahrhunderts erfüllte, als der liberale Nationalismus bereits als Gefahr für den wiederhergestellten Status quo angesehen wurde. Als Metternich die anderen deutschen Fürsten zwang, die Unterstützung für den griechischen Unabhängigkeitskrieg einzustellen, da er die Verbreitung liberal-nationalistischer Gesinnung zu Hause befürchtete, begannen auch andere Konservative, die Altertumskunde zu verdächtigen, ein Treibhaus für heranwachsende Rebellen und Ketzer zu sein. Berlins Gymnasium »Zum Grauen Kloster« radikalisierte sogar den jungen Otto von Bismarck. [s. S. 204, 5c]

Die griechische Klassik. Idee oder Wirklichkeit, Ausstellungskatalog, Berlin 2002, S. 57f.

Klären Sie, in welcher Hinsicht das antike Griechenland für den »aufgeklärten Monarchisten« Humboldt Modellcharakter hatte.

Umgang mit Bauwerken

Die Baukunst der alten Griechen hat in zweierlei Weise in Europa – später beispielsweise auch in den USA – ihre Fortwirkung und ihren Einfluss auf die Architektur geltend machen können: Zum Einen sind uns sehr viele bauliche Quellen erhalten geblieben, andere können noch freigelegt werden, zum Anderen wurde auch die Bauweise vor allem der Tempel bis in die Neuzeit hinein immer wieder aus den verschiendensten Gründen kopiert und adaptiert, etwa um den Bezug zur von den Griechen bzw. den Athenern »erfundenen« Demokratie deutlich zu machen.

Die Tempel, mögen sie zu verschiedenen Zeiten und von unterschiedlichen Baumeistern auch in gewissen Ausformungen individuell gestaltet sein, weisen in ihrer Bauweise Grundcharakteristika auf, die sich immer wieder finden lassen und die schließlich auch entscheidend zum Vorbildcharakter dieser Gebäudeart beigetragen haben. Tempel waren grundsätzlich innerhalb eines sakralen Bezirks einer bestimmten Gottheit erbaute Häuser, in denen das Kultbild der Gottheit aufbewahrt wurde. Der zugehörige Altar, auf dem die rituellen Tieropfer der Gottheit dargebracht sowie alle anderen Kulthandlungen ausgeführt wurden, befand sich meist vor dem Tempel. Tempelbauten dienten später auch als Schatzhäuser, aber im Gegensatz zu christlichen, jüdischen oder islamischen Gotteshäusern nie als Versammlungsorte für die Gläubigen. Seit dem 7./6. Jahrhundert v. Chr. entwickelten die Griechen die monumentale Steinbauweise bei Tempelbauten, die zuvor noch mit Lehm und Holz errichtet worden waren. Auch wenn die Größe der Tempel ebenso wie die Anlage der Grundrisse variierte, greifen alle Tempelbauten auf bestimmte Grundelemente zurück. Zu dieser Bautradition gehört, dass der eigentliche Tempelraum in der Regel auf einem hohen Sockel stand, sodass er mindestens auf einer seiner vier Grundseiten über Stufen erreichbar war. Den Kern der Tempelanlage bildete ein meist nur an einer Seite zugänglicher, ansonsten rundherum gemauerter Raum, in dem das Kultbild aufbewahrt wurde, die Cella. Um dem gesamten Tempel, aber besonders der Würde und Wichtigkeit des Tempelinneren mehr Ausdruck zu verleihen, wurde die Cella in vielen Fällen auf einer, auf zwei gegenüberliegenden oder auf allen vier Seiten mit einem – bisweilen sogar doppelten – Säulengang umgeben. Schon seit der Frühzeit hatten die Tempel Giebeldächer; die dreieckigen Giebel vor allem an der Stirnseite der Tempel wurden zunehmend mit bildhauerisch kunstvoll gearbeiteten Tympana ausgefüllt. Diese Reliefs hatten meist Götter- und Heldenmythen zum Thema. Alle Tempel – wie im Übrigen auch die meisten anderen Gebäude – waren mit lebhaften, intensiven Farben bemalt und akzentuiert; es fällt dem heutigen Betrachter ebenso wie den vielen Rezipienten der vergangenen Jahrhunderte, die den griechischen Baustil kopiert und nachempfunden haben, schwer, sich dies vorzustellen, zumal oft gerade die kühle Blässe und Vornehmheit der behauenen Steine und des Marmors bewundert wurden und werden, weil dies künstlerische Gestaltungsgröße moderner Ästhetik zufolge ganz besonders zum Ausdruck kommen lässt.

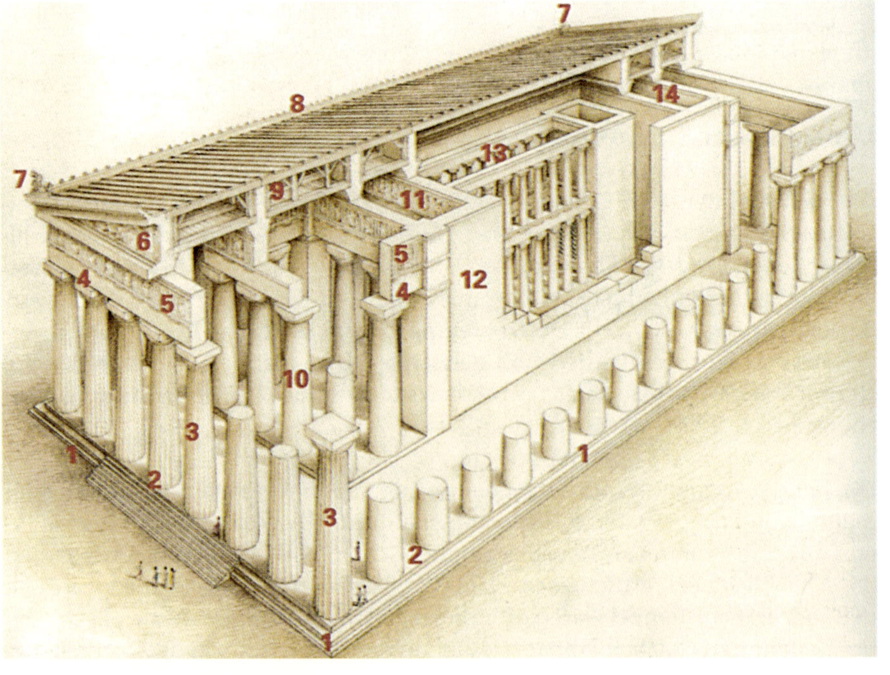

69 Baustruktur eines dionischen Tempels.
1 Krepis (Sockel)
2 Stylobat
3 Säulen der Perostasis
4 Architrav
5 Metopen-Triglyphen-Fries
6 Tympanon
7 Akrotere
8 Antefixe
9 Dachgestühl aus Holz
10 Säulenstellung der Eingangshalle
11 Pronaos (Vorhalle zur Cella)
12 äußere Cellawand
13 dreischiffige Cella
14 Adyton (das ›Nicht-betretbare‹)

Insbesondere die griechischen Tempel haben bis heute Vorbildcharakter in der Architektur. Seit dem 18. und 19. Jahrhundert sind zahlreiche Gebäude in Anlehnung an das antike Ideal errichtet worden; diese Tradition reicht bis in unsere Zeit. Bei der Untersuchung sowohl antiker baulicher Überreste als auch besonders ihrer Jahrhunderte später entstandenen Epigonen gilt es zunächst genau hinzusehen und sich einen Eindruck der verwendeten Elemente und ihrer Funktionen zu verschaffen. Überdies sind Informationen über Bauherrn und Zweck des Gebäudes wichtig, ebenso wie seine Einbindung in das Stadtbild.

1. Beobachtung und Beschreibung eines Gebäudes

Zunächst muss das Gebäude in seinen einzelnen baulichen Elementen und in seiner Gesamtanlage beschrieben werden. Das erfordert genaue Beobachtung vor allem dessen, was durch die Architektur besonders hervorgehoben werden soll.

- Welche architektonischen Elemente werden verwendet? Wie ist die Dachform? Welcher Art sind die Säulen?
- Gibt es Treppenaufgänge? Sind diese breit und ausladend, umlaufen sie das gesamte Bauwerk oder sollen sie eine bestimmte Seite – meist die Front – besonders hervorheben?
- Welche Materialien wurden benutzt?
- Wie ist die künstlerische Ausgestaltung? Was ist im Tympanon dargestellt? Welche Verzierungen lassen sich ausmachen und an welchen Stellen befinden sich diese? Sind Inschriften angebracht und wenn ja, welchen Inhalt haben sie? Fallen sie durch ihre Größe und ihren Platz im oder am Gebäude sofort ins Auge oder eher nicht? Welchen Zweck soll dies jeweils erfüllen?
- Wie ist der Grundriss des Bauwerks? Wie groß ist es in seiner flächigen und räumlichen Ausdehnung? »Stimmen« die Proportionen?
- Wie ist das Bauwerk ins Stadtbild eingepasst? Steht es an zentraler Stelle? Ist es von Parkanlagen oder von Straßen und Plätzen umgeben? Welche Gebäude mit welchen Funktionen sind in der Nachbarschaft zu finden?
- Gibt es Sichtachsen, anders gesagt: Wird der Blick des Passanten aus verschiedenen Richtungen durch bauliche Maßnahmen auf das Bauwerk oder auf bestimmte Teile des Bauwerks »gelenkt«? Welche Teile werden so hervorgehoben und warum?

70 Ansicht der Propyläen in Athen und des Brandenburger Tores. Kupferstich von J. C. Richter, um 1840.

2. Hintergrundinformationen

- Um ein Bauwerk genauer einordnen zu können, ist es notwendig, so viele Informationen wie möglich einzuholen über die Entscheidung, das Gebäude genau so und nicht anders zu erbauen.
- Wer war der Auftraggeber, wer der Architekt des Gebäudes? Welche Bildhauer waren möglicherweise beteiligt?
- In welcher Zeit ist das Gebäude entstanden? Welche historischen Umstände sind möglicherweise wichtig für den Bau?
- Welchem Zweck soll das Bauwerk dienen? Ist es ein öffentliches Gebäude oder ein privates?
- Erfüllt die bauliche Umsetzung die Voraussetzungen des Zwecks?
- Griff der Architekt in der Auswahl der baulichen Elemente auf Vorbilder und Traditionen aus anderen Epochen und/oder anderen kulturellen Räumen zurück? Warum?
- Wird das Gebäude (noch) in irgendeiner Weise benutzt? Legt man Wert darauf es zu erhalten? Steht sein Abriss zur Diskussion? Warum?

3. Urteil

Nun gilt es, die Fülle der Beobachtungen und Informationen auszuwerten. Das kann auf unterschiedliche Weise geschehen, ganz in Abhängigkeit von der Fragestellung, unter der man sich mit diesem oder jenem Gebäude befasst hat.

72 Geldtempel: Second Bank of the United States in Philadelphia (1818–1824 erbaut).

Bei antiken Gebäuden:

- Inwiefern haben sich handwerkliche Fertigkeiten weiterentwickelt, Bautraditionen fortgesetzt oder verändert? Sind ähnlichen Gebäudetypen inzwischen andere Funktionen zugewiesen (Bsp.: Repräsentationszwecke werden wichtiger)?

Bei modernen Gebäuden:

- Wo finden sich Adaptionen von Bautraditionen aus anderen Zeiten? Welchen Zweck sollen diese erfüllen bzw. weshalb wurden sie verwendet?
- Ist die Adaption gelungen? Passen »Modernes« und »Altes« zusammen (das ist besonders interessant bei alten, entkernten Gebäuden, die zum Teil durch moderne Elemente – auch an der Fassade – ergänzt werden) oder wirkt etwas aufgesetzt? Wird die Zweckmäßigkeit des Gebäudes unterstützt oder gestört dadurch?
- Wie beurteilen die Menschen, die in dem jeweiligen Gebäude wohnen oder arbeiten, das Bauwerk? Sind sie sich der Adaptionen bewusst und was halten sie davon? Was meinen Passanten bzw. Bürger der Stadt?

1. Arbeiten Sie anhand des Kupferstichs (70) die Übernahmen und Unterschiede zwischen den Propyläen und dem Brandenburger Tor heraus. Bedenken Sie dabei die unterschiedliche Funktion der beiden Bauwerke.
2. Untersuchen Sie in Kleingruppen nach Anleitung des Methodentrainings jeweils ein geeignetes öffentliches Bauwerk in Ihrer Region.

71 Nie wieder Athen?

Der deutsche Jounalist Jens Jessen plädiert für die Schließung der deutschen Kulturinstitute in Griechenland, 13. September 2001:

Gelegenheiten, eine demonstrative Lehre aus der Geschichte zu ziehen, sind selten und kostbar. Deutschland sollte sie nicht verstreichen lassen. Die Bundesrepublik wehrt sich seit Monaten mit juristischen und diplomatischen Mitteln gegen die drohende Pfändung ihrer Gebäude in Athen, in denen Deutsches Archäologisches Institut, Goethe-Institut und Deutsches Gymnasium untergebracht sind. Das ist töricht. Völkerrechtlich gesehen, mag der Versuch einer griechischen Ortschaft, Wiedergutmachung für deutsche Gräuel im Zweiten Weltkrieg zu ertrotzen, zweifelhaft sein. Aber was wiegen die Formalien des Völkerrechts gegen Verbrechen, die ihrerzeit ebenfalls gegen jedes Völkerrecht begangen wurden?

Und es kommt noch etwas anderes hinzu. Deutschland hat ja nicht nur Unheil über Griechenland gebracht. Der deutsche Philhellenismus hat zuvor schon Unheil über Deutschland gebracht. Der Krieg gegen Griechenland war schlimm, aber die Liebe zu Griechenland hat das Verhängnis erst bereitet. Mit Droysens Alexander-Buch begann der deutsche Sonderweg. Die Preußen als Makedonen der Neuzeit! Die deutsche Sprache als Erbin des Griechischen. Mit der Kultur Athens gegen die Zivilisation Roms. »Die Tyrannei Griechenlands über Deutschland« heißt ein Buch von Eliza Marian Butler, das den Weg von Winckelmann an nachzeichnete. Das Unheil kam aus dem Geist der Altphilologie: die Abwendung vom Westen, der Überlegenheitswahn, der Militarismus und die Paraden, in denen der Marschtritt der Hopliten, der schwer bewaffneten Fußtruppen Athens, zum Schrecken der Welt wiederkam, man kann noch heute das persische Entsetzen vor dem Gleichschritt bei Xenophon nachlesen. Wen wundert es da, dass als erstes und immer noch größtes das Goethe-Institut in Athen errichtet wurde?

Die Chance der Pfändung besteht darin, es endlich zu schließen. Wir wollen keine deutschen Kulturinstitute mehr in Griechenland, wir wollen auch kein archäologisches Institut, dieses vor allem ist Zeichen des deutschen Wahns, übrigens auch eines Irrtums. Überall in Europa, in Frankreich, England, Italien, lässt sich die Antike besser studieren als in Griechenland; streng genommen hat die Kenntnis der griechischen Antike nur außerhalb Griechenlands überlebt und ist erst als eine Art Reimport im 19. Jahrhundert wieder zu seinem geografischen Ursprung zurückgekehrt. Dass die Griechen Griechen sind im Sinne der Antike (oder immerhin sein könnten), das haben sie erst wieder von den Professoren und Dichtern des Nordens gelernt, deren Philhellenismus sich seinerzeit an Gipsabgüssen entzündete.

Es ist alles ein grässliches Missverständnis und muss jetzt ein Ende finden. Die deutschen Liegenschaften sollten zur Wiedergutmachung verschenkt, das Personal abgezogen und die deutsch-griechische Kultursymbiose ein für alle Mal beendet werden. Sie hat sich nicht bewährt.

73 »Rast der Diana«. Ölgemälde von Ivo Saliger, 1939/1940.

Ein hoher Kulturfunktionär der Nationalsozialisten sah in diesem Bild die »Feier hellenischer Haltungen und Tugenden«. Formulieren Sie ihre eigene Ansicht von dem Gemälde.

Jens Jessen, Nie wieder Athen. Schließt die deutschen Kulturinstitute in Griechenland, in: Die Zeit, Nr. 38.1, 13. September 2001

Führen Sie ein Streitgespräch zu Jessens Plädoyer für die Schließung der deutschen Kulturinstitute in Athen. Was spricht dafür, was dagegen? Begründen Sie Ihre Ansicht.

LITERATUR ZUR VERTIEFUNG

KONSTRUIERTE GESCHICHTE? – DAS ANTIKE GRIECHENLAND UND DIE PERSERKRIEGE

Antikensammlung Berlin/Staatliche Museen Preußischer Kulturbesitz (Hrsg.): Die griechische Klassik. Idee oder Wirklichkeit. Berlin 2002.

Albertz, Rainer u.a: Frühe Hochkulturen. Ägypter – Sumerer – Assyrer – Babylonier – Hethiter – Minoer – Phöniker – Perser. Stuttgart 2003.

Alonso-Núñez, José Miguel (Hrsg.): Geschichtsbild und Geschichtsdenken im Altertum. Darmstadt 1991.

Baltrusch, Ernst: Sparta. Geschichte – Gesellschaft – Kultur. München 1998.

Bleicken, Jochen: Die athenische Demokratie. 4. Aufl. Paderborn 1995.

Cartledge, Paul: Die Griechen und wir. Stuttgart 1998.

Cartledge, Paul (Hrsg.): Kulturgeschichte Griechenlands in der Antike. Stuttgart 2000.

Christ, Karl: Von Gibbon zu Rostovtzeff. Darmstadt 1972.

Christ, Karl (Hrsg.): Sparta. Darmstadt 1986.

Christ, Karl: Hellas. Griechische Geschichte und deutsche Geschichtswissenschaft. München 1999.

Clauss, Manfred: Sparta. Eine Einführung in seine Geschichte und Zivilisation. München 1983.

Dihle, Albrecht: Die Griechen und die Fremden. München 1994.

Funke, Peter: Athen in klassischer Zeit. München 1999.

Gehrke, Hans-Joachim/Schneider Helmuth (Hrsg.): Geschichte der Antike. Ein Studienbuch. Stuttgart 2000.

Höcker, Christoph: Griechische Antike. Köln 1999.

Hölscher, Tonio: Die unheimliche Klassik der Griechen. Bamberg 1989.

Hooker, J. T.: Sparta. Geschichte und Kultur. Stuttgart 1982.

Hrouda, Barthel: Der Alte Orient. Geschichte und Kultur des alten Vorderasien. München 1991.

Hrouda, Barthel: Mesopotamien. Die antiken Kulturen zwischen Euphrat und Tigris. 2. Aufl. München 2000.

Hutzfeld, Birger: Das Bild der Perser in der griechischen Dichtung des 5. vorchristlichen Jahrhunderts. Wiesbaden 1999.

Kierdorf, Wilhelm: Erlebnis und Darstellung der Perserkriege. Studien zu Simonides, Pindar, Aischylos und den attischen Rednern. Göttingen 1966.

Kinzl, Konrad H. (Hrsg.): Demokratia. Der Weg zur Demokratie bei den Griechen. Darmstadt 1995.

Koch, Heidemarie: Es kündet Dareios der König ... Vom Leben im persischen Großreich. 3. Aufl. Mainz 2000.

Link, Stefan: Der Kosmos Sparta. Recht und Sitte in klassischer Zeit. Darmstadt 1994.

Lorenz, Richard (Hrsg.): Das Verdämmern der Macht. Vom Untergang großer Reiche. Frankfurt a. M. 2000.

Losemann, Volker: Nationalsozialismus und Antike. Hamburg 1977.

Lotze, Detlef: Griechische Geschichte. Von den Anfängen bis zum Hellenismus. 3. Aufl. München 1999.

Matthiae, Paolo: Geschichte der Kunst im alten Orient. Die Großreiche der Assyrer, Neubabylonier und Achämeniden 1000–330 v. Chr. Stuttgart 1999.

Meier, Christian: Athen. Ein Neubeginn der Weltgeschichte. Berlin 1993.

Melchinger, Siegfried: Das Theater der Tragödie. Aischylos, Sophokles, Euripides auf der Bühne der Zeit. München 1974.

Meyer, Ernst: Einführung in die antike Staatskunde. 6. Aufl. Darmstadt 1992.

Pomeroy, Sarah B.: Frauenleben im klassischen Altertum. Stuttgart 1985.

Rilinger, Rolf (Hrsg.): Leben im antiken Griechenland. Ein Lesebuch. 2. Aufl. München/Zürich 1998.

Schlögl, Albert: Herodot. Reinbek 1998.

Schmal, Stephan: Feindbilder bei den frühen Griechen. Frankfurt a. M./ Berlin 1995.

Taplin, Oliver: Feuer vom Olymp. Die moderne Welt und die Kultur der Griechen. Reinbek 1991.

Walser, Gerold: Hellas und Iran. Darmstadt 1984.

Welwei, Karl-Wilhelm: Die griechische Frühzeit. 2000 bis 550 v. Chr. München 2002.

Wiesehöfer, Josef: Das antike Persien. Von 550 v. Chr. bis 650 n. Chr. München/Zürich 1994.

Wiesehöfer, Josef: Das frühe Persien. Geschichte eines antiken Weltreichs. München 1999.

PERSONENREGISTER

Achaimenes, sagenhafter Stammvater des pers. Königshauses *6*
Ahlborn, August Wilhelm Julius (1796–1857), dt. Maler *91 (Abb.)*
Ahuramazda, pers. Gott *10, 13 (Abb.), 14, 17, 21, 24, 49, 75*
Aischylos (525/24–456/55 v. Chr.), griech. Dramatiker *71 (Abb.), 72 f., 79, 85*
Alexander der Große (356–323 v. Chr.), makedon. König (ab 336) *18, 52, 65, 87, 90*
Anaximander (um 611–546 v. Chr.), griech. Philosoph *63*
Apollon, griech. Gott des Lichtes u. der Sonne *24, 29, 83*
Aristagoras (gest. ca. 497 v. Chr.), Tyrann von Milet *47 ff., 61*
Aristides (ca. 530 bis ca.467 v. Chr.), athen. Feldherr *4 (Abb.)*
Aristogeiton (gest. 514 v. Chr.), athen. »Tyrannenmörder« *42 (Abb.)*
Aristophanes (um 445–386 v. Chr.), griech. Komödiendichter *49*
Aristoteles (384–322 v. Chr.), griech. Philosoph *30 f., 36 f., 67*
Artabanos (um 500 v. Chr.), Onkel des Xerxes u. pers. Satrap *74 f.*
Artaphernes (um 500 v. Chr.), Bruder Dareios I. u. pers. Satrap *43, 47, 49, 61*
Artemisia (um 500 v. Chr.), Herrscherin von Halikarnassos *4 (Abb.)*
Astyages (584–550 v. Chr.), letzter König der Meder *74*
Athena, griech. Göttin der Weisheit, Tochter von Zeus *31 (Abb.), 36*
Atossa (um 500 v. Chr.), Mutter des Xerxes *71, 72 (Abb.), 73, 83 f., 85*

Baltrusch, Ernst (geb. 1956), dt. Historiker *37 f.*
Bardija (= Smerdis) (gest. ca. 522 v. Chr.), Bruder Kambyses II. *9, 16 f.*
Bauer, Karl (1868–1942), dt. Maler *54*
Bengtson, Hermann (1909–1989), dt. Historiker *13, 22, 49 f.*
Bismarck, Otto von (1815–1898), preuß. Ministerpräsident u. dt. Reichskanzler (1861/70–1890) *95*
Butler, Eliza Marian (1885–1959), brit. Germanistin *99*

Caesar, Gaius Julius (100–44 v. Chr.), röm. Feldherr u. Staatsmann *15*
Cicero (106–43 v. Chr.), röm. Redner, Politiker u. Schriftsteller *67*

Dareios I. (521–486 v. Chr.), pers. König *6, 8 f., 10 (Abb.), 14, 15 (Abb.), 16, 17 (Abb.), 18–24, 19 (Abb.), 46, 47 (Abb.), 49 f., 51 (Abb.), 52, 61, 71, 72 (Abb.), 73 f., 74 (Abb.), 83 f., 85, 87*
Dareios III. (336–330 v. Chr.), pers. König *87*
Datis (um 500 v. Chr.), pers. Oberbefehlshaber bei Marathon *61*
David, Jaques-Louis (1748–1825), frz. Maler *59 (Abb.)*
Davies, John K. (geb. 1937), brit. Historiker *29 f.*
Demandt, Alexander (geb. 1937), dt. Historiker *23 f., 86 f.*
Diana, röm. Göttin der Frauen u. der Jagd *99 (Abb.)*
Dihle, Albrecht (geb. 1923), dt. Altphilologe *86*

Eurybiades (um 500 v. Chr.), spartan. Flottenkommandeur *52, 60*

Funke, Peter (geb. 1950), dt. Historiker *56 f.*

Gadatas, (522–486 v. Chr.), Satrap von Ionien *23, 24*
Gaumata (gest. 521 v.Chr.), medischer Herrscher *9 f., 16 f.*
Gobryas, pers. Gouverneur *16*
Goethe, Johann Wolfgang (1749–1832), dt. Dichter *90, 94*
Göring, Hermann (1893–1946), nationalsoz. Politiker *88 f.*
Guignet, Adrien (1816–1854), frz. Maler *5 (Abb.)*

Harmodios (gest. 514 v. Chr.), athen. »Tyrannenmörder« *42 (Abb.)*
Harpagos, medischer Heerführer *15*
Hekataios (um 560 bis um 480 v. Chr.), griech. Geograf *63*
Herakles, in der griech. Sage Sohn des Zeus *32 (Abb.), 37*
Heraklit (um 544 bis um 483 v. Chr.), griech. Philosoph *63*
Herodot von Halikarnassos (ca. 485–424 v. Chr.), griech. Geschichtsschreiber *4, 6, 9, 12 ff., 20 f., 48 ff., 55, 59, 61 f., 66 (Abb.), 67–71, 74 f., 77, 79, 83 f.*
Hesiod (um 700 v. Chr.), griech. Dichter *29*
Hipparchos (gest. 514 v. Chr.), Sohn des Tyrannen Peisistratos *26, 42*
Hippias (528–510 v. Chr.), Sohn des Tyrannen Peisistratos und Tyrann von Athen *26, 40, 42 f., 49*
Höcker, Christoph (geb. 1957), dt. Historiker *5, 7, 32 f.*
Homer (8. Jh. v. Chr.), griech. Dichter *26, 29, 69, 81, 92 f.*
Hooker, James Thomas (1931–1991), brit. Historiker *34*
Humboldt, Wilhelm von (1767–1835), dt. Politiker u. Wissenschaftler *91, 95*
Hume, David (1711–1776), brit. Philosoph *76*

Jahwe, jüdischer Gott *15*
Janus, röm. Gott der Türen u. des Anfangs *69 (Abb.)*
Jessen, Jens (geb. 1955), dt. Journalist *99*
Jüthner, Julius (1866–1945), dt. Altphilologe *80 f.*

Kallimachos, Polemarchos (griech. »Schlachtenführer«) *55*
Kambyses II. (530–522 v. Chr.), pers. Großkönig *6, 8 f., 12, 16, 20, 22, 50, 74*
Kaulbach, Wilhelm von (1804–1874), dt. Maler *4 (Abb.)*
Kimon (um 510–450 v. Chr.), athen. Politiker, Sohn des Miltiades *65*
Kleisthenes (um 600–565 v. Chr.), Tyrann von Sikyon, athen. Staatsmann *26, 41 ff.*
Kleomenes I. (um 500 v. Chr.), König von Sparta *42, 48*
Königsmarck, Philipp Christoph Graf von (1665–1694), altmärk. Adliger, schwed. Graf *92*
Kroisos (560–547 v. Chr.), König von Lydien, *9, 45, 46 (Abb.)*
Kyros II. (559–529 v. Chr.), pers. König, *9 (Abb.), 11 f., 14 ff., 20, 46, 68, 74 f., 80, 84 f.*

Laokoon, in der griech. Sage trojan. Priester des Apollon *93*
Leonidas,(488–480 v. Chr.), König von Sparta *38, 59 (Abb.), 79, 89*
Lykurg (zw. 9. u. 7. Jh. v. Chr.), sagenhafter Gesetzgeber Spartas *33, 36 f., 38 f.*

Marchand, Suzanne, US-amerik. Historikerin *95*
Mardonios (gest. 492 v. Chr.), pers. Feldherr *23, 52 f., 61 f.*
Marduk, babylon. Stadtgott *11 f., 15*
Maron, Anton (1733–1808), österr. Maler *90 (Abb.)*
Mazares, medischer Heerführer *15*
Meier, Christian (geb. 1929), dt. Historiker *44 f., 50 f., 56, 63 f.*
Melanthios (um 500 v. Chr.), athen. Feldherr *49*
Mengs, Anton Raphael (1728–1779), dt. Maler u. Kunstschriftsteller *69 (Abb.)*
Metiochos (um 500 v.Chr.), Sohn des Miltiades *25*
Meyer, Eduard (1855–1930), dt. Historiker *14 f.*
Miltiades (um 550–489 v. Chr.), athen. Aristokrat u. Feldherr *25, 52, 54 (Abb.), 55 ff.*
Montesquieu, Charles de (1689–1755), frz. Schriftsteller u. Philosoph *76*
Morosini, Francesco (1618–1694), ital. Offizier u. späterer Doge von Venedig (1688–1694) *92*

Nabonid, (555–539 v. Chr.), babylon. König *11 f.*
Nebo, babylon. Gott der Schreibkunst u. Sprache *15*
Nebukadnezar II. (605–562 v. Chr.), babylon. König *12*

Oroites (gest. um 522 v. Chr.), pers. Satrap von Sardes *22*
Otto I. (1815–1867), König von Griechenland (1832–1862) *88*
Otto, Walter F. (1874–1958), dt. Historiker *70 f.*

Pausanias (480–467 v. Chr.),König von Sparta *83*
Peisistratos (um 600–528 v. Chr.), Tyrann von Athen (ab 561/60) *26, 40 ff., 44*
Periander (ca. 627–583 v. Chr.), Tyrann von Korinth *43*
Perikles (um 500–429 v. Chr.), athen. Staatsmann *7*
Phidias (5. Jh. v. Chr.), griech. Bildhauer *92*
Platon (427–348/47 v. Chr.), griech. Philosoph *31, 36, 49, 80, 82, 84 f., 93*
Pleistarchos (gest. 458 v. Chr.), König von Sparta (Sohn des Leonidas) *83*
Plutarch (um 45 bis um 125 n. Chr.), griech. Schriftsteller *36, 38, 79*
Polygnot (um 480 bis um 440 v. Chr.), athen. Maler u. Bronzebildner *78 (Abb.)*
Poseidon, griech. Gott des Meeres *73*

Revett, Nicholas (1721–1804), brit. Zeichner u. Architekt *90*
Richter, J. C., dt. Maler *97 (Abb.)*
Rollinger, Robert (geb. 1964), österr. Historiker *6*

Saliger, Ivo (1894–1987), österr. Maler *99 (Abb.)*
Sargon (722–705 v. Chr.), altoriental. König *15*
Schadewaldt, Wolfgang (1900–1974), dt. Altphilologe *73, 85 f.*
Schiller, Friedrich (1759–1805), dt. Dichter *39, 59*
Schinkel, Karl Friedrich (1781–1841), dt. Baumeister u. Maler *91 (Abb.)*
Schleiermacher, Friedrich (1768–1834), dt. Theologe, Philosoph u. Übersetzer *82*
Schuller, Wolfgang (geb. 1935), dt. Historiker *33, 43 f., 68 f.*
Seidl, Wolf, dt. Historiker *92 ff.*
Skuncha, Skythenkönig *10 (Abb.)*
Smerdis s. Bardija
Sokrates (470–399 v. Chr.), griech. Philosoph *82, 93*
Solon (um 640–560 v. Chr.), athen. Politiker *26, 40 ff., 45*
Stuart, James (1713–1788), engl. Architekt *90*

Themistokles (um 524–459 v. Chr.), athen. Politiker *4 (Abb.), 25, 52, 57, 58 (Abb.), 60, 78*
Thukydides (um 460 bis um 400 v. Chr.), athen. Geschichtsschreiber *77, 78 (Abb.), 79, 83, 93*
Tyrtaios (7. Jh. v. Chr.) griech. Dichter *36*

Udjahorresnet, ägypt. Arzt *25*

Valla, Lorenzo (1407–1457), ital. Humanist *66*

Weibezahl, R., dt. Maler *64 (Abb.)*
Wieder, Joachim (1912–1992), dt. Bibliothekar *89*
Wiesehöfer, Josef (geb. 1951), dt. Historiker *13 f., 15 f., 25, 56*
Wilhelm II. (1859–1941), dt. Kaiser (1888–1918) u. König von Preußen (1888–1918) *91*
Winckelmann, Johann Joachim (1717 bis 1768), dt. Archäologe u. Kunstwissenschaftler *90 (Abb.), 92 f., 99*

Xenophon (430 bis ca. 355 v. Chr.), griech. Schriftsteller *80, 99*
Xerxes I. (486–465 v. Chr.), Perserkönig *4 f. (Abb.), 6, 13 f., 19 (Abb.), 52, 55, 57, 58, 61, 62 (Abb.), 63, 64 (Abb.), 68, 71 ff., 74 f., 77, 79, 89*

Zanker, Paul (geb.1937), dt. Archäologe *81 f.*
Zarathustra, iran. Priester, Religionsstifter *13 f., 22, 24*
Zeus, oberster griech. Gott *12, 29, 36, 49, 75*

SACHREGISTER

abendländ. Kultur 5
Achaimeniden 6, 9 f., 13 f., 21 f., 24, 50, 65, 80
Adel/Adlige 25 (Abb.), 28, 32, 37, 40, 44, 46 f., 95
Agogé (Erziehungssystem in Sparta) 35
Agora (Versammlungsplatz in den griech. Poleis) 27, 78
Agrarkrise 27
Akropolis (Athen) 14, 18, 65, 92 (Abb.)
Alphabet 26
Altar 29, 31 (Abb.), 96
Altertum 95; s. a. Antike; Altertums/kunde 95; ~wissenschaft 5
Altpersisch 16 f.
Antike 5, 7, 93
Apanada, Audienzsaal in Persepolis 21 (Abb.), 22 (Abb.)
Apollon-Tempel, Delphi 29 (Abb.)
Araber 15
Aramäisch 17
Architektur 5, 7, 63, 90, 95
Archon(ten) 40 (Abb.), 41 (Abb.), 52, 55, 57, 58
Areopag 40 (Abb.), 41 (Abb.)
arístoi 31 f.; Aristokraten 45; Aristokratie 28, 30 f., 37
Asien 6, 23, 48, 75 f.
Assyrer 87
Ästhetik 96
Athen 10, 26, 33 (Karte), 37, 40, 42 f., 44, 47, 49, 52, 56, 57, 60, 64, 65, 66, 76, 77, 78, 92, 97 (Abb.); Athener 55, 61, 62, 71, 77
Attika 33 (Karte), 58, 60, 61, 62; Attischer Seebund 52, 65 f.
Autarkie 27
Autonomie 27

Babel 15
Babylon/Babylonien/Babylonier 10 ff., 15 f., 52, 58, 68, 87
Banausen 31
Bandaka 24
Barbar(en) 28, 48, 50, 55, 57, 62, 68, 77, 79 ff., 86
Bauern 28, 31, 40
Bau/tätigkeit 42; ~traditionen 98; ~werke 95 ff.
Beamte/r 18
Behistun 10 (Abb.), 13, 16, 17 (Abb.), 18, 21
Bergwerke 46
Bevölkerung 27; Bevölkerungsüberschuss 86
Boden 41
Brandenburger Tor (Berlin) 97 (Abb.)
Bundes/regierung 91; ~republik Deutschland 99
Bürger 30, 39, 42, 81; ~rechte 58

Cella 96
Charoneia, Schlacht von 7
Chiliarch (griech. »Oberster der Tausend«) 18

Dareike 19 (Abb.)
Dark Ages (»Dunkle Jahrhunderte«) 27, 32
Demokratie 28, 31, 37, 38, 63, 95; Demos 44
Despot, Despotie 6, 85
Deutsches Reich 91
Dichter 94; Dichtung 33, 95
Drama 5
»Dunkle Jahrhunderte« (Dark Ages) 27, 32

Eigentum 88
Ekklesia 40 (Abb.), 41 (Abb.); s. a. Volksversammlung
Elamisch 16
Ephoren 35 (Abb.), 37 f.
Epos 29
Erde 12
Erz(e) 48
Erziehung 38, 84 f.
Ethnografie 68
Europa 6, 61, 75 f., 88, 90, 95, 99; europ. Geist 5
Expansion, pers. 68

Fabel 67
Fama, im alten Rom die Personifikation des Gerüchts 69
Felsrelief von Behistun 10 (Abb.), 13, 16, 17 (Abb.), 18, 21
Flotte, griech. 60; ~, pers. 53, 58 f., 65
Flugblatt 88 (Abb.)
Freiheit 76, 85; ~, persönl. 88; ~skampf, griech. 50, 87, 88 (Abb.), 90
Frieden 24, 40, 74, 82

Gadatas-Inschrift 23 (Abb.)
Gehorsam 35
Geist 85
Geld 42, 44
Geografie 68
Gerichte 41 (Abb.)
Geronten 35 (Abb.), 36
Gerusia 35 (Abb.)
Geschicht/e, ~sschreibung 5, 33, 68, 69 (Abb.), 70, 76
Gesetz(e) 30, 37, 40, 76
Getreide 27, 40
Goethe-Institut 91, 99
Gold 48, 62, 85, 87; ~minen 41
Götter 14, 29, 62, 67 ff., 73; Göttin 31 (Abb.)
Gottheiten 13, 29, 74, 95
Göttliches 70
Griechen/~land 4–99; ~, Naturraum und Staatenbildung 27 (Karte); Griechisch, Sprache und Kultur 29; ~unterricht 91
Große Kolonisation 26
Großkönig s. Xerxes
Grundbesitzer 32, 40

Hachamanija, Hachamanisch s. Achaimenes, Achaimeniden
Handel 27, 33, 35, 45 f.; ~sstädte 45
Händler 26, 44
Handwerker 26, 28, 35, 40, 44
Harem 6
Heilig/tum, ~tümer 29 f., 36
Held(en) 81 f., s. a. Heroen, Heros; Heldentum 89
Heliaía 40 (Abb.)
Hellas 24, 61 f., 77, 83 f., 88; s. a. Griechenland
Hellenen 15, 62, 75, 77; hellenische Kultur 28
Hellespont 5 (Abb.), 59, 61, 73, 75, 79, 85
Heloten 34 f., 36
Heroen, Heros 29, 62, 67 f., 77
Hipparchen 41 (Abb.)
Hippodrom (Konstantinopel) 83
»Historien« (Geschichtswerk von Herodot) 4, 99, 67 f.
historíes apódexis 66 f.
Hopliten 36, 40, 44; ~phalanx 26, 34 (Abb.), 54 f.; ~training 35

»Ilias«, Epos von Homer 26
Indogermanen 91
Industrielle Revolution 91
Ionien/Ionier 9, 26, 45 f., 48 ff., 68; Ionischer Aufstand 8, 23, 26, 45–52, 56, 60, 65; ionische Wanderung 45
Iran/Iranier 8, 15; s. a. Perser

Juden 12, 15

Kallias-Friede 52, 65
Kanäle 27, 58
»Kasseler Apoll« 7 (Abb.)
Kauf/leute, ~männer 40
Keilschrift 17
Kirche(n) 95
Klassik, deutsche 90
Kleinasien 8 f., 27, 45, 50, 54, 60 (Karte), 61
Klima 76
Kolonisation, große (griech.) 26., 28 (Karte), 45, 79
Königtum 30 f., 37
Kosmos 94
Kreditwesen 86
Krieg 40, 77, 81 f., 84; ~sflotte 53, 58 f; ~sgeschichte 69; ~swesen 86
Kult 13 f.; ~bauten 27; ~bild 96; ~stätten 14, 29
Kultur 33, 64; ~, hellenische 28 f.; ~geschichte 68 f.; ~gut 92
Kunst/Künste 5, 39, 63, 81, 95; Kunstwerke 68

Lakedaimonier 34, 55, 62, 77
Landesfürsten 7
Land/güter 34; ~heer 59; ~nahme 27; ~verteilung 42; ~wirtschaft 24, 86
Laokoon-Gruppe 92, 93 (Abb.)
Legende 67
Literatur 7, 28
Lohn/arbeit, ~arbeiter 28, 40
Luxus, ~güter 6, 27, 32
Lyder/Lydien 16, 46, 68
Lyrik 29

Magier 13, 16 (Abb.), 17
Makedonen/Makedonien 7 f., 26, 52 f., 58, 60 (Karte)
Malerei 7, 90
Marathon 24, 52, 53, 54–57, 54 (Abb.), 77; ~, Schlacht von 54–57, 54 (Karte), 71, 78 (Abb.)
Marktplatz 27
Meder 9, 55, 68, 74, 80; ~reich 8 (Karte)
Medien 10, 12, 15 ff., 46
Medismos 80
Menschen 68, 70, 76; ~bild 70, 94
Menschheit 47
Metall 27
Metöken 40
Militär 34
Mittelalter 64, 90
Mittelmeer 26 f.
Monarchie 20, 31, 88
Münzen 42
Mythen/Mythos 29, 67, 69, 96

Nachbar 12
Nahrung 76
Nationalismus 95
Nationalstaat 25
Nationalversammlung, griech. 88
Natur 67
Naturalwirtschaft 40
Nebo 11, 15
Neuzeit 64

Ochlokratie 31
»Odyssee«, Epos von Homer 26
Occident/Okzident 4, 85
Oligarchie(n) 31, 37
Olympia 57; Olymp. Spiele 26
Omphalos 29 (Abb.)
Orakel 24, 44, 67, 69; ~ von Delphi 26, 36, 42, 59; ~sprüche 67
Orient 4, 45, 85; Orientale 6
Ostrakismos 57, 58

Palastanlage 18
Parsen 15
Parthenon 90, 92 (Abb.)
Peloponnes 26, 33 (Karte), 36, 44 f., 60 (Karte), 61, 78, 87; Peloponnes. Bund 26, 33, 36, 43; ~ Krieg 5, 7, 65, f., 77, 86
Pentelikongebirge 54
Periöken 34 f.
Persepolis 6, 13, 18 (Abb.), 19 (Abb.), 21 (Abb.), 52, 53 (Abb.), 62 (Abb.), 65
Perser/Perserkriege 4–99, 60 (Karte); pers. Krieger 48 (Abb.); Persien/Pers. Reich 4–25, 8 (Karte), 40, 43, 45 f., 49; ~, Verwaltungsaufbau 20 (Abb.)
Pferd 40; ~ezucht 32
Pharao 9
Philadelphia 98 (Abb.)
Philhellenismus 90, 99
Philosophie 7, 33, 63, 95
Phylen 40 (Abb.), 41 (Abb.), 55
Plastik 7
Polis/Poleis 26 ff., 33, 47, 52, 56, 60, 65, 80, 91, 95

Politie *30*
Politik *63*
Popularklage *41*
Postsystem *20*
Preußen *95*
Propyläen (Athen) *97 (Abb.)*

Quellen, hist. *67, 95*

Rassenlehre *91*
Rat der 500 *41*
Rechte *24, 87 f.*
Reformen *42, 95*
Religion/en *13, 22, 28, 87*
Renaissance *90*
Revolution *13*
Rhetra *36; s. a. Orakel von Delphi*
Römer *15, 86 f., 94;* Römisches Reich *64*
Ruderer *58*

Sage *67 f.*
Saken *55*
Salamis *6, 52, 60 (Karte), 63, 71, 77; ~,* Schlacht bei *60 f., 64 (Abb.), 71*
Sardes *20, 43, 46 f., 49, 60, 61, 75*
Sassaniden *15*
Satrapen/Satrapien *19 f., 23, 43, 87*
Schatzhäuser *96*
Scheiterhaufen *46 (Abb.)*
Scherbengericht *57*
Schiff/e *53, 58 f., 77;* ~fahrt *27, 78*
Schlacht *81;* ~felder *67*
Schmuck *94*
Schrift *87*
Schuldknechtschaft *41*
Schwertkampf *56 (Abb.)*
Seeherrschaft *63*
See/schlacht *60, 78;* ~sturm *53*
Semiten *15*
Senat *25*
Silber *48, 87;* ~bergwerk *85;* ~minen *41, 58*
Sitte *76*
Sklaven *34, 40, 48, 76, 82;* Sklaverei *88*
Skulptur *90*
Skythen *68, 84;* ~zug *50*
Soldaten *91;* Söldner *41, 44*
Sonne *12*
Sophistik *63*
Sparta *26, 33 (Karte), 33–39, 44 f., 48, 52, 59, 65; ~,* Staatsaufbau *35 (Abb.);* Spartaner *57, 62, 83, 89*
Speer *85*
Sprache *28, 87*
Staat *31, 37, 39, 95;* Staats/form *30;* ~gewalt 76; ~verwaltung *86*
Stadt/bild *97;* ~staaten *28 ff., 45, 53*
Stammesverband *40*
staseis *38*
Statue *37, 42 (Abb.)*
Steuerreform *19*
Strafe *13*
Strategen *41 (Abb.)*
Sultan *87*
Sumer *11 f.*
Susa *12, 15 (Abb.), 20 f., 24, 49 f.*
Symmachie (Hellenenbund) *59, 61*

Tänze, kultische *29*
Tapferkeit *13, 35*
Tausch- und Naturalwirtschaft *19*
Technik *87*
Tempel *29, 62, 94, 95–97 (Abb.); ~,* Baustruktur *96 (Abb.)*
Theater *37*
Theologie christl. *64; ~,* griech. *29*
Thermopylen *52, 59 (Abb.); ~,* Schlacht *59 f., 88, 89*
Theten *58*
Tier/e *29;* ~opfer *31 (Abb.), 96*
Timokratie *40*
Toleranz *87*
Tragödie *29, 63*
Triere *58, 60*
Tugend *19, 31, 39, 76*
Tympana/Tympanon *96 f.*
Tyrannen *26, 37, 41, 43 ff., 51, 62;* »Tyrannenmörder« *42 (Abb.);* Tyrannis *26, 28, 31, 36, 41, 43 f., 47, 88*

Utopie *94*

Vasenmalerei *29*
Vaterlandsliebe *39*
Verfassung *30 f., 37 f., 39 f.*
Versammlungsplatz *s. Agora*
Verwaltung *87, 89*
Vielvölkerstaat *18, 24*
Völker/kunde *s. Ethnografie;* ~wanderung *26*
»Völkischer Beobachter« *89 (Abb.)*
Volks/aufstand *87;* ~versammlung (Ekklesia) *30 f., 41, 58*

Waffen *30, 94*
Währung *19, 40*
Wasser *12*
Wein *27*
Wettkampf *81*
Wind/e *12*
Wirtschaft *86*
Wissenschaft *39, 63*

Zensur *95*
Zinsen *32*
Zufall *70*
Zweiter Weltkrieg *99*

BILDNACHWEIS

AKG – Archiv für Kunst und Geschichte, Berlin (4.1, 5.2, 55.37, 58.39, 64.44b, 69.46c, 71.48, 90.64, 97.70
Antikenmuseum Basel und Sammlung Ludwig (48.35b, 81.54b)
Artothek, Weilheim (99.73)
Bayerische Staatsbibliothek, München (92.66b)
Böhm, Erwin, Mainz (9.6)
Borbein, Adolf H.: Das antike Griechenland, München 1995, S. 103 (31.21b)
BPK – Bildarchiv Preußischer Kulturbesitz, Berlin (19.12, 21.16b, 25.17b, 59.40, 78.52d, 91.65
The Bridgeman Art Library, London (53.36)
British Museum, London (11.8b, 51.35g)
Corbis, Düsseldorf (15.9b, 93.67b; Luca, Araldo de/47.34; Snider, Lee/98.72; Wood, Roger/10.7)
Deutsches Theatermuseum, München (72.49b, 74.50c)
DPA, Frankfurt/M. (18.11)
Germanisches Nationalmuseum, Nürnberg (88.61)
Hirmer Verlag, München (34.23)
Höcker, Dr. Christoph, Mering (94.67d)
Höcker, Christoph: Griechische Antike, Köln 1999, S. 82 (96.69)
Koch, Heidemarie: Es kündet Dareios der König ... Vom Leben im persischen Großreich, Mainz 1992 (Tafel 11/22.16d; Tafel 24/13.8f; S. 142/Abb. 97/62.43b)
Landesarchiv Berlin (89.63b)
Levi, Peter: Bildatlas der Weltkulturen. Griechenland, Augsburg 1998, S. 73 (83/56b)
LOTOS-FILM G. Thiem, Kaufbeuren (16.10b, 29.20b)
Münzenversand Reppa GmbH, Pirmasens (19.13)
Museum für Kunst und Gewerbe, Hamburg (81.54d, 84.57c)
National Museums of Scotland, Edinburgh (56.38d)
RMN, Paris (23.16g, 32.21e, 46.33)
Scala, Firenze (42.30, 66.45, 78.52c)
Sims-Williams, Prof. Nicholas, Cambridge/Corpus Inscriptionum Iranicarum (17.10c)
Staatliche Museen, Kassel (Antikensammlung/7.4b)
Topkapi Palace Museum, Istanbul (83.56b)

Nicht in allen Fällen war es uns möglich den Rechteinhaber ausfindig zu machen. Berechtigte Ansprüche werden selbstverständlich im Rahmen der üblichen Vereinbarungen abgegolten.